I0766724

LA SOCIEDAD INDIA: VIRTUDES Y DEFECTOS

Enrique Gallud Jardiel

LA SOCIEDAD INDIA: VIRTUDES Y DEFECTOS

ÍNDICE

EL SÁNSCRITO

La lengua siempre ha sido algo muy importante para los hindúes y uno de sus mayores logros culturales está en el área del lenguaje. Los *Veda* consideran a la lengua de origen divino, de la que todo se origina. El cuidado con que ser transmitieron a la perfección oralmente los textos védicos durante siglos es muestra del respeto de los indios por el idioma. El estudio del mismo se ha considerado siempre como un preliminar imprescindible para todo otro avance intelectual.

Según la tradición, la lengua sánscrita, de origen indoeuropeo, es el idioma sagrado para los hindúes, pues en él están compuestos los himnos védicos y la mayor parte de la literatura filosófica y religiosa que sienta las bases del hinduismo.

Etimológicamente *sânskrit* significa «bien hecho» y, por extensión «culto», «elegante». El alfabeto en el que se escribe se denomina *devanagarí* («la morada de los dioses»), por su belleza y equilibrio. En él cada una de las diversas letras representa a una deidad diversa y el alfabeto completo simboliza la totalidad de la creación.

Su estudio en el siglo XIX, hecho por Max Müller y otros orientalistas, condujo a la inferencia de la existencia de un tronco lingüístico común con el griego, el latín, etc. y al descubrimiento del indoeuropeo.

Según la tradición, el sánscrito es un idioma eterno, que fue revelado a Manu —el hombre primigenio—, quien lo dio a los mortales. Los gramáticos Panini y Patânjali estudiaron la lengua y formularon científicamente sus reglas. Es una lengua que ha producido una literatura increíblemente rica.

El sánscrito ha influido a otros idiomas y de él han surgido las lenguas sanscríticas, las actuales de la India. Este idioma se estudia en toda la península indogangética y existen multitud de sociedades para su estudio y difusión.

EL HINDÍ Y OTRAS
LENGUAS INDIAS

La mayoría de las lenguas habladas en la India pertenecen a la primera rama de la familia del indoeuropeo, (con la excepción de las cuatro grandes lenguas del sur —kannada, támil, telugu y malayálam— de origen dravídico). Según el censo de 1992 se clasificaron en la India 1652 variedades de habla, entre lenguas y dialectos, de los que la Constitución sólo reconoce oficialmente como idiomas a dieciocho. Existen, pues, dieciocho lenguas oficiales y dos nacionales: el hindí y el inglés. El número de personas cuya lengua materna es el hindí se aproxima a los 400 millones, lo que constituye el 39% por ciento de la población. Pero el hindí lo conocen y lo hablan con fluidez también gentes de otras lenguas, con lo que esta cifra prácticamente se dobla.

Pasemos a hablar de la formación de esta lengua. Con la llegada de las primeras tribus arias al territorio denominado Hindasthán o Hindustán, muchas de las tribus aborígenes pasaron a una situación de dependencia de las primeras y sus lenguas se fusionaron con el sánscrito, hablado por los invasores. Esto dio lugar a lo que se conoce como «prácrito» y que no es una lengua, sino varias, por ser estos prácritos versiones vulgares de la lengua sánscrita que, durante siglos, convivieron con ésta, de la misma manera que en la antigua Italia diversos dialectos provinciales convivieron con el latín. De los dialectos prácritos (el Shauraseni y el Magadhi, principalmente) surgen las modernas lenguas arias de la India. Su relación con el sánscrito es muy similar a la de las lenguas romances europeas con el latín clásico.

Estas lenguas son siete: panjâbî, sindhî, gujarâtî, marâthî, hindî, oriyâ y bangalî. De éstas, el hindí es la más antigua y data alrededor del año mil.

De estas siete lenguas indo-arias el hindí es, indudablemente, la primera en importancia. Se habla en el norte y el centro de la India, en los estados de Himachal Pradesh, Haryana, Rajasthan, Bihar, Madhya Pradesh y Uttar Pradesh, desde los Himâlaya en el norte, hasta los montes Vindhyâ y el río Narmadâ en el sur, y desde la desembocadura del Ganges en el golfo de Bengala hasta el golfo de Kachcch, en la península de Gujarat.

Desde su origen el hindí se ha visto sometido a influencias extranjeras. Las sucesivas invasiones y la dominación de gran parte del norte de la India por los mogoles, provocó el surgimiento de la lengua llamada urdú, que se formó en el siglo XI, en la época de la invasión de Mahmud al-Gaznavi. En el siglo siguiente, establecida en Delhi la dinastía Pathan, se logró, en las ciudades sometidas a los musulmanes, una combinación más completa del idioma, mezcla de prácrito y de persa.

El urdú es meramente un dialecto del hindí y se diferencia de los otros en que la mayoría de los sustantivos, adjetivos y adverbios de la lengua han sido substituidos por voces de origen árabe y persa, aunque los verbos y demás partes de la oración, así como las reglas de la gramática siguen siendo los del hindí. Su alfabeto es el árabe, al que se le han unido cierto número de letras para representar las articulaciones y los sonidos indostaníes desconocidos en el árabe.

Aparte del urdú existen otros dialectos del hindí, algunos semejantes al estándar y otros tan diferentes que muchos lingüistas proponen que se les considere como lenguas separadas. Los principales son marwari, mewari, jaipuri, haroti, garhwali, kumaoni, naipali, braj, kanauji, avadhi, riwai, bhojpuri, maghadi y maithili.

De la fusión del hindí puro con esta variedad dialectal denominada urdú, y con algunos vocablos del inglés, surge el hindí actual, conocido como hindustânî, y que es una lengua muy dinámica que se enriquece fácilmente y se transforma con velocidad.

El hindí se escribe en el alfabeto del sánscrito, llamado *devanagarî*. Se escribe de izquierda a derecha, sin diferenciación de minúsculas y mayúsculas. Aparecen primero las vocales, en número de once, seguidas de cuarenta y siete consonantes y otras tantas medias consonantes. Es de destacar el hecho de que el hindí es una lengua cien por cien fonética, sin ninguna irregularidad en la pronunciación, lo que compensa en parte la obvia dificultad producida por su gran cantidad de sonidos.

La gramática del hindí surge como una simplificación de la del sánscrito. Suprime en parte las complicadas declinaciones de la lengua de la que deriva y se convierte en un idioma articulado con partículas, pero va enriqueciéndose paulatinamente y acaba por transformarse en una lengua muy compleja, pero lógica y altamente flexible. Cuenta con dos géneros, dos números y seis casos para los sustantivos, los adjetivos y los pronombres. Existe una única conjugación para los verbos, que son en su mayoría regulares y que permiten todos los tiempos y casos del castellano e incluso algunos más. Como ejemplo puede citarse el imperativo, del que existen cinco formas, cuando en castellano sólo tenemos dos. Se emplea abundantemente el subjuntivo y los verbos compuestos admiten varias raíces, con lo que se enriquece la expresión y se puede conseguir una gran variedad de matices. Estos aspectos de la lengua son regulados en la actualidad por el Hindi Kendriya Sansthan o Dirección Central de Hindí, que hace las veces de Academia de la Lengua.

El vocabulario del hindí es muy extenso. En él se incluyen las palabras tomadas directamente del sánscrito, llamadas *tatsama* y las que han derivado de él, llamadas *tatbhava*. Esto es, de una palabra sánscrita el hindí hace un doble uso, en la versión pura, por así llamarla, y en una más coloquial. A esto hay que añadir el contingente de vocablos que se introducen en la lengua a través del urdú. Si se considera que existen palabras tanto árabes como persas para cualquier concepto y que dentro de esas lenguas hay asimismo variedades de nivel para la lengua hablada y la lengua escrita, nos encontramos con que el hindí hereda de sus fuentes un número muy alto de sinónimos. Lo que en un principio son sinónimos perfectos, se convierten con el uso en formas de matiz ligeramente diferente, con la riqueza lingüística que esto conlleva. Además, desde el momento en el que el hindí se constituye en lengua nacional, comienza a aceptar también vocablos de otras lenguas hermanas, como el panjâbî, o el marâthî, para conceptos específicos. Todo ello por no hablar del influjo cada vez más creciente del inglés, que se translitera de manera peculiar y se pronuncia según las posibilidades de los sonidos sánscritos, pero que pasa a formar parte de las hablas profesionales y técnicas.

El hindí es una lengua muy ornamental. El empleo de figuras retóricas y procedimientos de embellecimiento está muy extendido, así como el uso de citas, proverbios, apotegmas, frases hechas, refranes y alusiones de todo género. La mentalidad india es en extremo preciosista y esto se refleja en la lengua, por lo que hallamos en el habla habitual de la calle, continuas referencias a temas eruditos, alusiones mitológicas, menciones de los clásicos y citas cultas, incluso entre gente de nula o escasa preparación. De hecho se da gran importancia social a la literatura y a la oratoria. Es mucha la gente que escribe y los certámenes poéticos (*kavi sammelana*), por poner un ejemplo, en los que los poetas recitan en público sus composiciones, son en extremo abundantes.

Pese a todo lo expuesto, el hindí se enfrenta en la actualidad con una grave amenaza: la lengua inglesa. Al ser ésta la hablada por los dominadores durante la época colonial, el inglés ha adquirido en la India una connotación de lengua superior y esto va en detrimento del hindí como lengua culta. Un erudito hindí puede verse en ocasiones menospreciado si no domina el inglés. De hecho, algunas regiones del sur cuyas lenguas vernáculas no derivan del sánscrito, han preferido rechazar por esta razón la lengua hindí y prefieren emplear el inglés como *lingua franca*. Esto llevó en el momento de la independencia de la India en 1947 a la implantación del inglés como lengua nacional. Y desde entonces el inglés desplaza paulatinamente al hindí en la administración y en las relaciones exteriores de la India, con lo que la lengua no consigue salir, por así decirlo, de las fronteras del país. Este hecho posee también una implicación política pues, partiendo del concepto que se tiene en ocasiones en la India de que «inglés» significa automáticamente «Occidente» y «progreso», cualquier intento de reivindicar la importancia del hindí es tenida en algunos sectores de la India como una medida política reaccionaria o, como mínimo, tradicionalista. Esto perjudica a la difusión de la lengua y también a la de la literatura en lengua hindí, aunque el gobierno haga esfuerzos por que sea aceptada de manera generalizada.

LOS INTERNADOS RELIGIOSOS

Antes de que se impusiera el sistema educativo occidental, implantado por los ingleses, la India poseía desde antiguo una gran tradición de sistemas de enseñanza. Una de sus variedades, de enseñanza religiosa, es el conocido como *gurukula* y equivaldría aproximadamente a los seminarios cristianos. Aunque en la actualidad se halla bastante desplazado, aún no ha desaparecido del mundo educativo indio.

La palabra *gurukula* significa literalmente «el clan del maestro» y hace alusión al hecho de que los jóvenes residían varios años en régimen de internado en la misma casa de su maestro, compartiendo con él su vida familiar. Ha de entenderse que por *guru* se hace mención a los maestros en materias religiosas, espirituales e intelectuales, con capacidad para orientar al discípulo en el camino de búsqueda de *moksha* o liberación.

Según la tradición, el *shishya* o discípulo, a la edad aproximada de doce años, acudía a la casa del maestro y solicitaba humildemente la enseñanza. Existía ritos particulares de iniciación para admitir al neófito y es sabido que los *guru* —que resultaban ser maestros excelentes— no admitían a todos indiscriminadamente, sino que efectuaban pruebas o comprobaciones para medir el interés y la motivación de los estudiantes, antes de aceptarles.

Tras hacerlo, se les insertaba en programas educativos de varios tipos, lo más personalizados posible, y se les encargaban problemas intelectuales específicos, tendentes a agudizar sus intelectos y dirigir la energía mental por unos canales específicos. Al mismo tiempo, se les aceptaba en la familia, haciéndoles participar de los quehaceres domésticos cotidianos.

La enseñanza que recibían tenía a los *Veda* como materia principal, aunque existían otras asignaturas complementarias y también de gran utilidad. Se les instruía en diversas formas de interpretar los *shloka* o versículos de los *Veda*, cómo pronunciarlos correctamente y la entonación adecuada para recitarlos. Esto llevaba implícita una enseñanza de métrica, ritmo, medida y poética en general. Como complemento se enseñaba gramática, etimología, lexicología y otras ramas afines, para mejor comprender e interpretar los textos. Finalmente, se completaban estos estudios complementarios con aprendizaje de astronomía y astrología —materias que evidentemente aparecían asociadas—, calendarios, formas de culto, oraciones, sacramentos y toda una gran variedad de ritos.

LA ENSEÑANZA MEDIANTE CUENTOS

A la India se la ha considerado tradicionalmente el país de las historias por excelencia. El pueblo indio, probablemente más que ningún otro, supo servirse de la magia de la ficción para traspasar de generación en generación sus experiencias; y estas expresiones alegóricas y artísticas han sido en la India desde antiguo la forma didáctica más extendida, en forma de cuento apologético, especialmente dirigido a los jóvenes.

Los objetivos de estas historias eran diversos. Uno de los más generalizados era el difundir enseñanzas espirituales y proteger el conocimiento sagrado. También se empleaban frecuentemente los cuentos como objeto de enseñanza práctica, derivando de ellos una literatura ética, fundamental en la educación de los jóvenes indios. Cada cuento ejemplificaba una lección específica de moralidad, con un sentido oculto que el estudiante debía buscar y aprender. Estos relatos, reunidos en colecciones especiales, daban ejemplos de conducta y tendían a enseñar cómo lograr uno de los cuatro *purushârtha* («objetivos del hombre») según el canon hindú: el *artha* o beneficio. Servían asimismo para enseñar a las gentes a defenderse de peligros inesperados, para que éstas conocieran mejor las interacciones sociales de los seres hu-

manos y para prevenir contra tópicos, tabúes y supersticiones.

Las técnicas narrativas eran también muy específicas, puesto que debían lograr una inteligibilidad generalizada para sectores distintos de la sociedad y, al
mismo tiempo, debía procurarse que fueran fáciles de
recordar para su transmisión oral. Por ello se empleaban repeticiones, fórmulas concretas de prosa,
interpolaciones ya conocidas, intertextualidad, personajes simbólicos, tópicos literarios, refranes, cancio-
nes, proverbios, acertijos, etc.

Básicamente, podemos clasificar la temática de
estas historias en cuatro grandes grupos. La primera
sección sería la de temática filosófica y es en extremo
interesante. Mediante argumentos sencillos, pero
siempre originales y no exentos de humor, se ponen
de relieve los postulados fundamentales del hinduismo, acercándolos al pueblo y adaptándolos a la com-
prensión de los jóvenes. Estos cuentos nos hablan,
por ejemplo, del panteísmo: la noción de que todo lo
que existe es una única cosa y que es de origen divino, el concepto de que Dios es todo lo que vemos y
lo que no vemos y que en él se incluyen todos los
aspectos positivos y negativos de la naturaleza.

El segundo grupo sería el de los temas religiosos
y con finalidad moralizante. Un elemento común a
casi toda la narrativa india es su relación con los temas mitológicos, símbolos de una cosmogonía muy
concreta, que determina el *ethos* indio, su forma de
pensar, su carácter. En estos cuentos, incluso en los

más profanos, se mencionan y se recrean los mitos, las historias de los dioses y los héroes y todo el contenido sobrenatural que el indio reverenciaba en la naturaleza y que cobra gran importancia y ser asocia a narraciones sobre el origen de los templos y lugares de culto, del sentido de las peregrinaciones, de los ayunos y penitencias y su razón de ser. Muchos de estos cuentos están destinados a aumentar la devoción del que los escucha, presentando la espiritualidad y la vida religiosa como una actividad gratificante, en donde el esfuerzo se ve siempre recompensado.

Son particularmente del agrado del lector indio las historias que se basan en la inteligencia práctica de los protagonistas. De esta manera se ejercitaba el intelecto de los jóvenes a los que los cuentos iban dirigidos y se les ponía como modelo a seguir al intelectual en el sentido más intrínseco, o sea: la persona que emplea su mente de manera ordenada, sistemática y continua para desenvolverse en el mundo.

El último grupo temático que habría que destacar sería el de las narraciones humorísticas, por lo general de tono satírico. El humor indio se basa principalmente en una sátira de las costumbres y los vicios de las gentes. Estos cuentos, aparte de mero entretenimiento, sirven para purgar a la sociedad de sus lacras. Bien es verdad que son tratamientos ligeros, que procuran siempre no herir profundamente, pero aun así cumplen perfectamente su función, en un tono amable y desenfadado.

EL SISTEMA DE CASTAS

El concepto mismo de «casta» no se ha precisado propiamente en el contexto indio. El vocablo es de origen occidental, concretamente portugués y se emplea como «linaje», denotando una clase social privada de mezcla y contacto con las demás, una noción de pureza de sangre. Pero en el contexto indio este término ha sido origen de gran confusión, pues se ha empleado para dos conceptos diferentes, para *varna*, lo que es la división cuádruple general, de la que hablaremos más adelante, y para *jâti*, que es una comunidad específica definida por la ocupación, la religión o el origen tribal o de clan. *Varna* y *jâti* muchas veces no coinciden, pues su noción cambia con las épocas.

En cuando a la definición tradicional de lo que hoy es el sistema de castas, puede decirse que es un sistema de estratificación social mediante grupos formados por descendencia y perpetuados mediante matrimonios endógamos y ocupaciones tradicionalmente hereditarias.

En cuanto al color, *varna*, éste es el vocablo que se emplea como equivalente a «casta» en la terminología sociológica de la antigua India. Este concepto fue importante en un principio, a medida que los arios se iban desplazando hacia el sur e iban incorporando a su estado los varios grupos de población indígena, de piel más morena. Pero la discriminación racial que tuvo lugar fue muy corta. El proceso de mestizaje se inició de inmediato y a las pocas generaciones el color había dejado de ser un parámetro válido para clasificar a una persona. Predominó entonces la noción aria de la preponderancia de la habilidad y la sociedad comenzó paulatinamente a dividirse según las ocupaciones de sus miembros. El inicio de la especialización, la división del trabajo es considerada antropológicamente como el comienzo de la cultura, luego los fundamentos del sistema de castas eran, en principio, sabios.

Pero en la India se ha venido dando tradicionalmente un respaldo religioso a las normas sociales y para asegurar el respeto de esta jerarquía lógica profesional se le dio la sanción religiosa y se sacralizó. Se habló de un origen divino de las castas, de cómo la divinidad hacía superiores a unos hombres e inferiores a otros y se extrapolaron textos en donde se relacionaba a los estamentos con partes más o menos puras del cuerpo divino. Todas estas razones funcionan a un nivel religioso muy primitivo y no se pueden considerar como ortodoxia hindú. El hinduismo es totalmente panteísta y preconiza que todo es una sola y única sustancia en donde no hay ni puede haber distinciones. El sistema de castas es un método de trabajo para la vida de este mundo, pero considerar en él superioridades o inferioridades en virtud de su origen divino es un postulado totalmente erróneo.

La relación que sí existe entre las castas y la religión se enmarca dentro del concepto de *karma*, esto es: de la ley de causa y efecto, que nos hace disfrutar o sufrir el resultado bueno o malo de nuestras acciones. Como evidentemente muchos trabajos son innegablemente penosos, el hindú tiende a achacar a su *karma*, bueno o malo, su nacimiento en el seno de una familia dedicada a una profesión más o menos de su agrado. El alma encarna dentro de una casta determinada siempre debido al comportamiento observado en existencias anteriores. En esa casta habrá de permanecer hasta la muerte y cada uno ha de cumplir con la máxima perfección posible las obligaciones de esa casta específica. Sólo así podrá evolucionar. De esta manera, lo que parece una terrible institucionalización de la desigualdad se convierte en un incentivo para provocar el deseo de superar el mundo.

En cuanto al punto de la teórica superioridad de unas castas sobre otras, vemos que, en el origen se trata tan sólo de una división de ocupaciones. Pero estas ocupaciones se jerarquizan, por así decirlo, ellas solas, debido a su relación con los valores que los indios consideran tales. Por ejemplo: la higiene, pues ciertas labores implican mancharse para ejecutarlas o entrar en contacto con elementos impuros. O el pacifismo, pues en determinados oficios hay que ejercer violencia sobre seres vivos. Así se llega a una noción de clases superiores. Pero estas superioridades e inferioridades son relativas y meramente funcionales para la sociedad mundana, no afectan al desarrollo espiritual. El avance espiritual no es privilegio de los brahmanes, como lo prueba asimismo el hecho de que cualquier persona de cualquier casta pueda ser un maestro religioso venerado, que enseñe a los demás.

De hecho, cuanto más baja es la casta, más fácil les es a sus miembros el cumplir adecuadamente sus deberes religiosos, puesto que estos deberes son significativamente menores. Cuanto más alta es la casta, más restricciones tiene que cumplir y, por ejemplo, el consumo de alcohol o estupefacientes, que sería un pecado grave para un brahmán, no es pecado para una persona de una casta inferior, para con quien el sistema sería menos riguroso. Las dos primeras castas tienen absolutamente prohibido dedicarse a la usura, mientras que se acepta sin reparos en la tercera casta. Obviamente, una casta superior goza también de más respeto. El mayor crimen que se puede cometer en este mundo es el asesinato de un brahmán, pero también el brahmán tiene la obligación estricta de mostrarse siempre amable y correcto con todas las otras castas y ayudar a sus miembros en todo lo posible.

Obviamente, todos los sistemas tienen sus defectos y todos los hombres cometen abusos de poder. Sin embargo, el tópico nos habla únicamente del control que los brahmanes ejercían sobre el resto de las gentes. Esto es cierto, pero de alguna manera inevitable y lógico. Al ser la clase de los brahmanes la dedicada al culto religioso y a la enseñanza, ellos ayudaron a la formación cultural de las otras clases y dejaron en ellas su influjo, como lo dejan en cualquier persona los profesores que le enseñan en su niñez o los que redactan los textos con los que estudia. El control de los brahmanes no podía dejar de producirse.

Tratemos ahora de la evolución del sistema y de sus puntos negativos y positivos. Gandhi, del que se ha dicho erróneamente que estaba en contra del sistema de castas, dice que éste no fue concebido con estrechez de miras, sino que dio al trabajador el mismo rango que al pensador. Abría el camino para acentuar el mérito y suprimir el demérito y transfería la ambición humana de la general esfera mundana a la permanente y espiritual.

El sistema no fue en absoluto rígido en un principio, durante la época védica. Durante mucho tiempo un hombre podía cambiar de estado social al cambiar de profesión, cosa habitual entonces. Hasta el siglo X, por ejemplo, se permitían y eran frecuentes los matrimonios entre castas y con extranjeros, pero poco a poco el sistema se fue haciendo más rígido y estos matrimonios quedaron prohibidos ya durante el siglo XII. Principalmente la estratificación de las castas fue una autodefensa ante la amenaza de otras razas y culturas invasoras.

Esta situación empeoró con la dominación británica, pues, pese al tópico de que Occidente siempre se ha mostrado contrario al sistema de castas, la administración británica lo fomentó deliberadamente, considerándolo una entidad concreta y mensurable que le permitía imponer un orden mental en medio de la confusión del mosaico etnológico de la India. Este es un punto en el que todos los historiadores y sociólogos indios coinciden.

Más diferencias de opinión ha provocado la evaluación general del sistema y si sus puntos positivos superan a los negativos o viceversa. En general podemos mencionar algunos méritos y deméritos del sistema de castas que parecen fuera de toda duda. Sus consecuencias positivas fueron que ayudaron a la preservación de la religión y la cultura, contribuyeron a un desarrollo positivo del clan, dividieron eficazmente el trabajo en la sociedad, llevando a una mayor productividad y a una mínima competencia y dieron una seguridad gremial al trabajador.

Y sus consecuencias negativas más importantes consistieron en que produjeron una debilitación del poder militar, crearon una situación de envidias entre grupos sociales y condujeron al desarrollo de la intocabilidad.

Esta situación que he descrito nos hace ver que no valen simplificaciones a la hora de entender el problema de las castas. Es un asunto mucho más complicado de lo que a primera vista podría suponerse y los intentos de cambiar en poco tiempo de forma radical o mediante leyes una estructura social de milenios sólo conducen a una situación de caos. En la actualidad el sistema de castas está desmoronándose debido a la educación occidental, a los avances científicos y al desarrollo. En la India rural el sistema afecta aún al matrimonio y a las relaciones sociales, pero ya no a la economía ni al trabajo, quedando la casta substituida por la clase económica. En la India urbana está desapareciendo a pasos agigantados y previsiblemente, en un futuro desaparecerá esta forma de anquilosamiento social.

LA DIVISIÓN DEL TRABAJO

Al hablar de las castas ha de recordarse siempre que este sistema cumple una función eminentemente práctica y utilitaria. Su propósito inicial no era dividir a los hombres, sino unir a diferentes razas en un todo social compacto que les permitiera vivir en armonía y en un estado de paz y prosperidad. Antes de la llegada de los arios todas las funciones sociales se llevaban a cabo de forma conjunta, como seguirían haciendo luego las tribus, en las que todos los miembros desempeñaban a un tiempo la misma función. Los arios, por el contrario, tenían un estamento íntimamente ligado a una función social y laboral específica e intentaron romper con la estructura tribal en aras de la productividad y la prosperidad. Su esquema social se dividía en tres grandes grupos —los sacerdotes, los guerreros y el pueblo llano— que posteriormente se ampliaría a cuatro.

La idea subyacente a esta forma de distribución de trabajo es la noción india de que las profesiones están ligadas a la condición natural del nacimiento. Autores como Marañón, Szondy, Jung u Ortega y Gasset convergen hacia la cuaternidad de aptitudes fundamentales del ser humano, que encajan con la noción de una distribución genética de las habilidades y, consecuentemente, de especialización en el trabajo. Por ello, este sistema de castas ha de entenderse y considerarse desde el punto de vista indio y no desde el occidental. El indio se haya dominado por una interpretación mágica de la naturaleza, cree que la capacidad para ejercer un trabajo va adscrita a la sangre. El hijo del músico tendrá aptitudes para la música y así con todas las profesiones.

El Mahatma Gandhi se refirió a las castas e indicó que cada una de las cuatro divisiones de la sociedad es complementaria de las demás y ninguna superior o inferior. Cada una de ellas tan necesaria como las demás para la entidad total del hinduismo.

Básicamente son cuatro grandes grupos con múltiples subdivisiones. Están en primer lugar los *brâhmana*, los brahmanes, dedicados a la religión y —no lo olvidemos— a la ciencia. Es la clase social no sólo de los sacerdotes, como muchas veces se ha dicho, sino también de los científicos, los docentes y, en general, los intelectuales.

A continuación está el estamento de gobierno, los *kshatriya*, guerreros, gobernantes y administradores, que son los que se encargan de velar por la seguridad y por el mantenimiento del orden y las tradiciones.

En tercer lugar están los *vaishya*, dedicados principalmente a la agricultura, la ganadería, el comercio, la banca, las finanzas, la distribución de los recursos y a las ocupaciones generales equivalentes a las de la clase media.

Por último tenemos a los *shûdra*, que se ocupan de la artesanía, las construcción y también del trabajo del campo, así como de todas aquellas ocupaciones que en nuestra terminología de hoy quedan agrupadas bajo el nombre genérico de «sector servicios».

Estos cuatro grupos se subdividen en infinitud de subcastas que, a su vez, se mezclan entre sí, formando una sociedad compleja. En la India actual hay catalogadas tres mil de estas subdivisiones. La práctica general, basada en motivos culturales y físicos, aconseja el matrimonio con gente de la misma casta, pero no de la misma subcasta. Así se preserva la identidad de habilidades, costumbres y gustos, sin riesgo de imperfecciones genéticas. El matrimonio entre gentes de distinta casta está mal visto socialmente, pero no está en absoluto prohibido, como a veces de afirma, y siempre ha tenido lugar en la India, en mayor o menor grado según el momento y la región.

Hay que añadir que el reparto de ocupaciones es totalmente flexible y alguien de una casta concreta puede ejercer oficios correspondientes a otra casta. De hecho, en la sociedad india actual esta llamémosle anomalía se ha convertido en la regla general.

LOS INTOCABLES

Al lamentable fenómeno social de la intocabilidad se refirió Gandhi, denominándolo «el mayor estigma del hinduismo».

La palabra concreta que define a este grupo es *avarna*, literalmente «sin casta», «descastado». En hindí y otras lenguas sanscríticas se les denomina *achchhuta*, «intocables», siendo éste el término más preciso. La palabra «paria», que hemos venido empleando en Occidente, pertenece a la lengua támil y significa «tocador de bombo», haciendo referencia a una subcasta especial. Para suavizar la expresión, el Mahatma Gandhi creó el término de *harijana* («hijos de Hari», sobrenombre del dios Vishnu) para referirse a ellos. Pero los intocables rechazaron el término. Prefieren denominarse a sí mismos *dalit*, literalmente «oprimidos», y éste es el nombre que emplean en sus asociaciones y partidos.

Las formas en las que una persona podía convertirse en intocable eran básicamente dos. La primera era debida a un concepto de polución temporal originado por ocupaciones que se consideraban impuras. Tales ocupaciones eran aquellas en las que se entraba en contacto con sangre, con excrementos o con cadáveres. Y, por supuesto, todas aquellas en las que se mataban seres vivos. Incluía, pues, esta categoría a cazadores, pescadores, carniceros, enterradores, traperos y basureros, principalmente. En un principio la discriminación que se hacía a los dedicados a estos oficios era temporal, sólo mientras los siguieran desempeñando, pero más tarde cambió al concepto de contaminación duradera.

La segunda forma estaba basada en los deberes de casta. Si una persona de cualquier casta cometía un pecado de gran gravedad (un asesinato, por ejemplo), era repudiada por su clan y se la condenaba al ostracismo social. Sólo podía entonces relacionarse con gentes a las que no les importara su crimen y que estuvieran ya discriminadas por otros motivos, con lo que el asesino, perdida su casta, entraba a formar parte del primer grupo.

En líneas generales puede decirse que el fenómeno de la intocabilidad se justifica parcialmente en la primera generación y cae totalmente en el plano de la injusticia al aplicarle el concepto hereditario. Los intocables sufren y han sufrido una grave discriminación: no se les permitía leer textos religiosos (si bien prácticamente casi ninguno sabía leer), eran excluidos de los templos y vivían en las afueras de los pueblos. Por supuesto, esto ha cambiado radicalmente en el último siglo y más destacadamente en las ciudades, pero todavía sigue vigente la noción en la *psiquis* india.

Pero esta terrible discriminación es un fenómeno puramente social y no en modo alguno religioso. Éste es un error en el que casi todos los occidentales creen; consideran a la institución de la intocabilidad como si hubiera sido prescrita por la religión hindú y no es así en absoluto. No hay ni una palabra en los *Veda*, las *Upanishad* o los *Shâstra* que la refrende. Y el panteísmo hindú considera a todos y a cada uno de los aspectos del universo y de los seres vivientes como totalmente partes de la divinidad, del Absoluto, del Ser Supremo que es todo lo que existe. Todos los seres tienen una esencia divina y cualquier división entre ellos es fruto de *mâyâ*, la ilusión engañosa, y totalmente ilusoria. No debe el hinduismo ser responsable de una lacra puramente social.

Otro concepto erróneo es el de creer que la mayoría de los indios acepta sin más la existencia de la intocabilidad. Desde tiempos antiguos, todos los reformadores y maestros hindúes han retrocedido con horror ante esa costumbre. El budismo, el jainismo, las sectas vishnuitas y shivaítas del hinduismo, el sikhismo, el sufismo, todas las renovaciones religiosas han atacado esta práctica y ha habido gran cantidad de movimiento en contra, culminando con los esfuerzos de Ambedkar y Gandhi. La sociedad india es plenamente consciente de sus defectos.

En cuanto a la intocabilidad en la India moderna, en contra de lo que pudiera parecer, la condición de intocable puede ser una gran ventaja. Veamos cómo. En el censo de 1931 se catalogaron cuatrocientas subdivisiones de intocables, que ascendían a un octavo de la población total. Los intocables, conscientes de su fuerza numérica, decidieron politizar su causa y en la II Round Table Conference, celebrada en Londres ese mismo año, los intocables, con apoyo británico, pidieron elecciones separadas, intentando conseguir una situación privilegiada, ya no de igualdad, sino de superioridad en la India independiente que se iba a formar. Se esgrimió incluso la amenaza de conducir a los intocables al islamismo o incluso al budismo, si no conseguían sus fines, y Gandhi tuvo serias dificultades para convencerles de que renunciaran a elecciones separadas, a cambio de la reserva de un considerable número de escaños en el Parlamento. Desde ese inicio, los intocables, en vez de luchar por conseguir una situación de igualdad con el resto de los indios, han intentado capitalizar políticamente las injusticias que habían venido sufriendo durante siglos y obtener una posición de evidente privilegio en la sociedad. Esto ha producido el gran absurdo legal que detallo a continuación.

La Constitución de la India, promulgada en 1950, establece que no se reconoce la división de la sociedad en castas. Las castas no existen legalmente en la India, pero el texto añade que nada impedirá al Estado el hacer algunas provisiones especiales para el progreso de algunas clases de ciudadanos social o educacionalmente atrasados o de las Castas Catalogadas o Tribus Catalogadas.

Estas «Castas Catalogadas» a las que se refiere son en concreto los intocables que, junto con las Tribus Catalogadas, reciben un tratamiento legal de favor en comparación con el resto de la población. O sea: la Constitución India considera la práctica de la intocabilidad un crimen y prohibe la discriminación debido a la casta, pero, contradiciendo su propio principio, protege a las castas y tribus catalogadas, intentando darles ventajas que compensen las discriminaciones sufridas. Estas ventajas son escaños parlamentarios reservados, empleos públicos reservados y la presión sobre el sector privado para favorecer la contratación preferente de intocables, en detrimento de las categorías generales. Esto es un caso muy concreto de discriminación positiva, hecho a raíz de la promulgación en 1955 del Untouchability Offences Act, una ley contra los ataques a los intocables, que ha generado una tendencia de favorecimiento a esta minoría que culminó con las recomendaciones de la Comisión Mandal, entre las décadas de los setenta y los ochenta.

Esta comisión elaboró listas de castas y tribus clasificadas, así como de las denominadas OCB («Other Backward Castes») o sea, «Otras castas retrasadas», en cada estado y se hicieron reservas de empleos para ellos, creando una fuerte controversia y el paradójico resultado de que en la India de la castas fuera más rentable socialmente ser un intocable. Las cuotas de ingreso en el reclutamiento de los servicios públicos e instituciones docentes y el menor nivel educativo exigido a estos grupos para lograr un título académico invitaron al fraude. La implementación de las recomendaciones de la Comisión Mandal llevó a la situación extrema de que un crecido número de estudiantes de las cuatro castas principales, considerando nulas sus perspectivas de futuro en una sociedad en la que se daba total primacía a los intocables, protestaron enérgicamente con sentadas, manifestaciones, huelgas de hambre y hasta un elevado número de inmolaciones en las que muchos jóvenes se prendieron fuego y murieron para protestar contra las reservas.

El fenómeno de la intocabilidad no puede durar mucho y los sociólogos pronostican su pronta desaparición efectiva. Pero, por el momento, en la siempre paradójica India, la condición de intocable oscila entre la discriminación negativa de la sociedad y la discriminación positiva del Estado.

LAS TRIBUS

En subcontinente indio existe aún en la actualidad una amplia variedad de tribus, que se mantienen al margen de la sociedad tradicional hindú, a cuyos miembros se les denomina generalizadamente *âdivâsî* («antiguo habitante»). Son los aborígenes descendientes de los primeros pobladores del subcontinente indio y presentan características muy heterogéneas, en cuanto a lengua, cultura, rasgos físicos y tendencias religiosas.

La convivencia entre las tribus y la sociedad hindú tradicional siempre ha sido buena. Al aceptar el hinduismo de buen grado todo tipo de formas de vida y de entendimiento de la religión, no se han producido discriminaciones importantes y la mayoría de los grupos tribales han evolucionado independientemente, aunque algunos se han insertado en mayor o menor grado en el sistema de castas. Únicamente en la primera oleada de invasión de los arios se produjeron algunas fricciones determinadas por el componente racial.

Estas tribus —residentes en su mayor parte en áreas montañosas o más apartadas de los centros urbanos— se han dedicado tradicionalmente a la agricultura, la ganadería y la caza. El número de las tribus reguladas es de alrededor de 250 y el número total de personas que las integran ronda los 50 millones.

Algunas de las más numerosas y conocidas son los *bhils*, *mundas, santals, mers, nagas, kadars, saoras* y *hos*, y se encuentran prácticamente en todos los estados de la Unión India. La Constitución protege específicamente sus derechos —a semejanza de los de los intocables—, pero los sociólogos prevén su desaparición, al irse integrando cada vez más en los esquemas de la sociedad, debido al impacto de la educación moderna.

Estas tribus tienen unas costumbres radicalmente diferentes de las del resto del país, por lo que no siempre se les puede aplicar todo lo relativo en general a los indios. Su religión es esencialmente un animismo, con culto a los antepasados y a las divinidades de los bosques y de la aldea. Es muy importante su demonología y no comparten la creencia hindú generalizada en el *karma*, la ley de causa y efecto que subyace en el universo.

LOS TRIBUNALES DE ALDEA

A lo largo de su historia, independientemente del sistema de gobierno del territorio de la India (reinos independientes, intentos de unificación de mogoles y británicos), ha existido siempre una estructura inmediata de implementación de justicia que ha perdurado hasta nuestros días desde tiempo inmemorial: el sistema de los tribunales de aldea. Estos organismos han funcionado paralelamente al sistema judicial de cada momento y han contado con el beneplácito del mismo, por el ahorro de dinero y de esfuerzo que representaba. De hecho, uno de los objetivos de la Constitución india de 1950 era el de revitalizar estos organismos.

Estos tribunales se denominan *panchâyat* o «consejo de los cinco», aludiendo al número de personas que lo integran, y es semejante en el contexto hispano al organismo que en el País Valenciano se denomina «Tribunal de las Aguas», y que dirime de forma verbal e inapelable las disputas por asuntos de riegos y lindes. En la India, este tribunal juzga todo tipo de querellas. No tiene ningún reconocimiento oficial, esto es: sus dictámenes no son de obligado cumplimiento en ningún sentido, pero la mayoría del pueblo indio se somete a su juicio de buen grado, acata sus decisiones y resuelve así sus disputas, sin involucrar en ellas a la administración pública.

Los miembros del tribunal son siempre cinco, elegidos entre la gente más capacitada del pueblo o aldea. En ausencia de personas de renombrados conocimientos o poseedores de títulos, lo integran los ancianos más sabios. Entre ellos suele estar el denominado *mukhyâ* («principal»), o alcalde del lugar, aunque esto no es preceptivo. Las cuestiones no precisan de documentos escritos, sino que quien desea resolver una cuestión pide que se convoque al tribunal y presenta su caso verbalmente. La vista, por así llamarla, suele tener lugar al día siguiente de la solicitud verbal de convocatoria, y se celebra en la plaza central del pueblo, en presencia de las partes contendientes y todos los que la deseen presenciar.

No existen abogados ni representantes. Cada uno habla por sí y, salvo raras excepciones, el dictamen se pronuncia en el mismo día. En caso de desacuerdo entre los jueces, el voto de tres de los cinco miembros decide la cuestión.

La sentencia es, en principio, inapelable, para aquel que respete al tribunal, lo que suele suceder en la inmensa mayoría de los casos. Los castigos que el tribunal puede imponer no implican nunca el uso de violencia o confinamiento. La máxima pena consiste en el destierro del término municipal.

Los cargos de *pancha*, o «cincos», como se les denomina, no implican remuneración ni compensación alguna, lo que reduce la posibilidad de parcialidades o corrupción. Por ende, el coste económico para los demandantes es inexistente.

Aceptada la autoridad de dicho tribunal, las ventajas sociales son inmensas: una solución rápida y totalmente gratuita para cualquier conflicto. Los jueces consideran el nombramiento como un honor que el pueblo les brinda y tienen un interés especial en hacer justicia, manteniendo en lo posible la concordia entre los habitantes del lugar.

Éste es un ejemplo más de la sabiduría antigua de la India.

EL CLAN

El concepto de familia cercana (*kutumba*) en la India es mucho más amplio que en otros lugares. La costumbre generalizada consiste en que, tras la boda, la mujer viva en la casa del marido. Pero, además, los hijos no suelen independizarse, sino que la casa paterna es siempre su hogar. Esta unidad social consiste, pues, en varias generaciones que viven bajo el mismo techo bajo la protección y guía de los padres. Una típica familia india podría consistir en padres mayores, varios hijos casados, con sus mujeres E hijos, los hijos e hijas solteros e, incidentalmente, algún otro pariente (tía soltera, abuelos, etc.) En el contexto india esta forma de agrupación se ha venido a llamar *joint family* («familia unida»), es la más común y se define sociológicamente como la gente que se alimenta de lo cocinado en la misma cocina.

En este esquema de convivencia el padre hace las funciones de cabeza de familia hasta que es anciano, momento en el que delega tales funciones en su hijo mayor. Esto es una práctica totalmente voluntaria y si uno de los hijos no desea vivir en el hogar paterno, no existe ninguna presión social para que lo haga. El cabeza de familia suele delegar responsabilidades en los diferentes miembros según sus habilidades. La madre se ocupa de las actividades del hogar, el hijo mayor, de las religiosas, etc. El sistema se basa en la propiedad en común y en la noción de que las opiniones de todos son importantes para el buen desenvolvimiento de la familia.

Las ventajas de este sistema son numerosas, lo que justifica su popularidad. En primer lugar existen ventajas económicas, pues la familia comparte una casa y se reparten los gastos de luz, combustible, etc. Otros elementos —libros, ropa— pasan de unos a otros y normalmente se comparten. También se ahorra comprobando productos en cantidades grandes. La práctica común es que los hijos aporten una parte de sus ganancias al mantenimiento de la familia en general, reservándose otra parte para sus gastos personales. Otra ventaja obvia se hace patente cuando las mujeres trabajan fuera de casa: siempre habrá alguien —una cuñada, una hermana— que pueda ocuparse de los niños, prepararles la comida o simplemente cuidarles. Las guarderías son prácticamente inexistentes en la India. En caso de la muerte de uno de los padres, la pérdida emocional siempre es menor, pues los hijos de varios hermanos crecen juntos siempre bajo la protección de un pariente directo. Los lazos entre primos en primer grado son así muy intensos y duraderos. Además, los niños que crecen en estas condiciones muestran una actitud poco egocéntrica y desarrollan una noción de que debe conseguirse el bienestar no para un miembro, sino para toda la familia en común.

La familia asume en bloque la responsabilidad de la subsistencia de todos. En el caso de que un miembro se halle sin trabajo, sus hermanos se ocupan de mantenerle y ningún miembro de la familia se ve necesitado. Esto sirve especialmente de protección a aquellos miembros de la familia que son enfermos crónicos o que sufren alguna minusvalía.

La convivencia de todas las personas que forman el grupo familiar sirve también para reducir y las ocasiones de conflicto. Una pareja no muy bien avenida tendrá dificultades para discutir delante de otros miembros de la familia que, además, intentarían reconciliarles y reducir al máximo las fricciones normales de la convivencia.

El único inconveniente real de esta estructura social es el de la falta de intimidad, pues en muchas ocasiones varias personas han de compartir un dormitorio o no siempre se dispone de una habitación vacía en la que poder estudiar o aislarse.

La tradición de la familia unida está empezando a perderse en parte en las áreas urbanas y entre las gentes de mentalidad más moderna, que prefieren instalarse lejos de los padres, pero durante mucho tiempo aún será la forma de convivencia preferida en la India.

Este sistema de familia unida es el núcleo del sistema de clan. Muchos de los elementos mencionados se aplican al resto de la familia lejana que, aunque resida en otra ciudad, extenderá su hospitalidad y su ayuda al resto del clan.

LA PROTECCIÓN DE LAS HERMANAS

En una sociedad en la que se protege tradicionalmente a la mujer, se creó un rito especial para la defensa de las jóvenes. Consistía en un reforzamiento del deber del hermano de proteger a su hermana en toda circunstancia.

Para potenciar este sentimiento se renuevan anualmente los lazos de cariño entre ambos, con una ceremonia que consiste en que la muchacha ate a la muñeca derecha de su hermano una escarapela, denominada *râkhî*, como recordatorio de la promesa de protección, tras pronunciar unas oraciones específicas. Es costumbre que el varón obsequie a su hermana con dinero o algún presente. Este lazo sirve también como amuleto de protección para el varón.

Estas escarapelas —que han sido de antemano objeto de una ceremonia de purificación— pueden ser cordones de algodón de diferentes colores, o bien telas de sea, y suelen tener formas llamativas y estar adornadas con hilos de plata u oro.

Este rito —más popular en el norte del país— tiene lugar en la festividad de Râkhîpûrnimâ, llamada también Rakshâbandhana («lazo de protección»), que se celebra en el decimoquinto día de la quincena brillante del mes de Shrâvana (24 julio al 21 de agosto).

Originariamente este es un festival en honor de Varuna, dios de las aguas. Se organizan ferias a la orilla de los ríos, con baños rituales y ofrecimientos al dios. Se suelen arrojar cocos al mar y se renueva el cordón sagrado. Es una fiesta particularmente importante para la casta de los sacerdotes.

El concepto de hermano es aquí muy amplio, pues generalmente suele incluir también a los primos. Además, existe la posibilidad de emplear esta costumbre para convertir en hermano a cualquier amigo o vecino. Una vez que la muchacha decide adoptar como hermano suyo a una persona y éste acepta, los lazos se consideran familiares y el vínculo no suele romperse nunca, sin que para la elección del hermano sea obstáculo la religión, casta o posición social. El resto de la familia acepta al nuevo miembro y, por supuesto, no puede existir entre ambos ningún otro tipo de relación.

Esta costumbre se mantiene durante toda la vida y en ese día la inmensa mayoría de los varones indios de cualquier edad ostentan en su muñeca todas las escarapelas de sus hermanas carnales, primas y aquellas que lo son por voluntad. La gente suele viajar a sus hogares familiares —si no viven allí— para llevar a cabo esta ceremonia. Si eso es imposible, los *râkhî* se envían por correo o se hacen llegar por otros medios.

FORMAS DE MATRIMONIO

El matrimonio en la India es un sacramento, un contrato y una institución social alrededor de la que gira la vida familiar. Su objetivo principal es la descendencia y su importancia simbólica queda bien patente por el hecho de que todos los dioses hindúes están casados y sus consortes los acompañan siempre y gozan de igual importancia. Igualmente, se considera que sólo una pareja constituye una unidad social para el culto y las ceremonias asociadas a él, pues las ofrendas y sacrificios domésticos sólo pueden considerarse completos si la mujer interviene.

La solemnidad del matrimonio se denomina *viváha* y se considera un sacrificio védico, puesto que está destinada a regular la mente humana a fin de apaciguarla y ayudarla en el avance espiritual. Existen diversas clases de matrimonio, según la tradición védica, aunque la mayoría no se celebran desde antiguo o han tenido lugar en tribus o sectores aislados de la sociedad. Son, sin embargo, curiosos de conocer y su elección se suele hacer en función de elementos determinantes, tales como la casta, el nivel cultural, etc.

Existen formas de matrimonio bastante reprobadas por la ortodoxia. Una de ellas es el llamado *pishâchaviváha*. En esta modalidad el novio rapta a la novia tras intoxicarla. Cuando el rapto se produce por la fuerza y no queda claro el consentimiento posterior de la mujer, el matrimonio se denomina *râksha-savivâha*.

En la modalidad de *asuravivâha* el novio debe comprar a la novia por un precio estipulado. El *ârsha-vivâha* se produce cuando el padre hace entrega de su hija al candidato que ha elegido, recibiendo a cambio una vaca o un toro, como símbolo de la posición de la familia del novio.

Las formas denominadas *prajâpativivâha* y *brahma-vivâha* son muy semejantes y las mejor reputadas, así como las más frecuentes en la actualidad. En estas formas el padre ofrece su hija a un candidato elegido por él, efectuando el rito llamado *kanyâdâna* («entrega de la doncella»), y les bendice con unos himnos específicos. Cuando se entrega la hija a un sacerdote, la modalidad se llama *daivavivâha*.

Por último estála forma de *gandharvavivâha*, la forma más romántica y la que ha pasado a la literatura, para la que sólo es preciso el consentimiento de los contrayentes, puesto que las familias no desempeñan papel alguno en la solemnidad. Es la forma de los matrimonios que no cuentan con el permiso de los padres pero que son igualmente lícitos y válidos desde los tiempos védicos.

Aparte de estas forma clásicas, una de las más interesantes de este tipo de relaciones era de denominada *svayambara* («propio novio»), en el que una muchacha elegía al hombre que amaba. La ceremonia se hacía de forma pública. Se informaba de que se deseaba casar a la muchacha y los pretendientes se presentaban todos juntos. Ella caminaba entre ellos y, sin decir palabra, colocaba una guirnalda en torno al cuello de su elegido, celebrándose los esponsales de inmediato.

Aunque la tradición permitía a los hindúes desposarse cuatro veces (y los reyes y algunos nobles que se lo podían permitir así lo hacían) la poligamia no estaba muy extendida en tiempos antiguos. En la actualidad la Ley de Matrimonio Hindú, promulgada en 1955, prohíbe tal costumbre y castiga duramente la bigamia entre los hindúes. Por otra parte sí ha sido costumbre el desposarse con la cuñada, si ésta quedaba viuda, para otorgarle protección a ella y a sus hijos y que no dejase de pertenecer a la familia.

MATRIMONIOS INFANTILES

Una de las tradiciones que más han perjudicado la imagen de la India en Occidente ha sido la de los matrimonios infantiles, práctica hoy caída en desuso pero que fue muy habitual durante la Edad Media, por influjo de la cultura musulmana y otras muchas razones. No hay constancia de este tipo de matrimonios en la época védica.

Una de las principales era la tradición de no tener durante demasiado tiempo en casa a una muchacha púber sin casar. Cuando alcanzaba la edad fértil, de inmediato los padres debían buscarle marido, pero un retraso en este proceso dificultaba mucho la posibilidad de hallar un buen consorte. Si seguían pasando los años era frecuente que la muchacha no pudiera contraer matrimonio.

Otra razón de peso consistía en el riesgo de tener muchachas jóvenes en casa durante épocas de revueltas y guerras. Los padres consideraban que la hija estaría mejor protegida y amparada en la casa de su esposo y decidían casarla pronto por esta razón.

Teniendo en cuenta, además, que la sociedad india es en parte represiva, pero se halla llena de sensualidad en sus manifestaciones, en épocas puritanas se evitaba asimismo la posible promiscuidad.

Asimismo, los matrimonios infantiles servían para refrendar pactos y alianzas entre familias, necesarias asimismo en épocas de tumultos. Este sistema de política matrimonial —común entre casas reinantes— sirvió a la pequeña nobleza india para aunar sus fuerzas ante las invasiones extranjeras y a los terratenientes para la creación de latifundios.

Estos matrimonios infantiles se concertaban muchas veces entre recién nacidos, llevándose a cabo las ceremonias pertinentes. Después, la novia quedaba en custodia en casa de sus padres y nada más alcanzar la pubertad era enviada junto a su marido, lejos de la casa de sus padres y de todo lo que conocían. Para entonces ya ambos jóvenes habían asimilado la idea de su unión y era poco probable que se revelaran ante una situación preexistente. Asimismo había casos en las que se prometía a las niñas con hombres mucho más mayores que ellas.

Esta costumbre era notoriamente nociva y provocaba situaciones extremas, como niños viudos varias veces, etc. Además, al consumarse el matrimonio en edad muy temprana, era habitual que la pareja acabara teniendo un alto número de hijos y que la mujer sufriera enfermedades degenerativas.

No todo el mundo apoyó esta práctica, y siempre se escucharon voces en contra. Los reformadores religiosos del siglo XIX se pronunciaron en contra de los matrimonios infantiles y abolieron la costumbre. Hoy en día el Código Civil Indio estipula una edad mínima para el matrimonio; 18 años para mujeres y 21 para varones. Pero ha de recordarse que las edades ideales siguen siendo entre 18 y 25 para ellas y entre

21 y 30 para ellos, por lo que retrasar la edad del matrimonio sigue teniendo inconvenientes sociales.

LAS COMITIVAS DE BODA

Una parte muy interesante de toda la parafernalia que rodea tradicionalmente a una boda india es el denominado *bârâta*, las procesiones nupciales, que son requisito indispensable para llevar a cabo satisfactoriamente el matrimonio.

Aunque las costumbres difieren de región en región, existen muchos elementos comunes. La comitiva la organiza la familia del novio, que es quien se desplaza hasta el lugar donde ha de efectuarse la ceremonia y en donde la familia de la novia ejerce como anfitriona.

Según las costumbres reales de la antigüedad, el medio de transporte que debía emplear el novio era el elefante. En la actualidad —y en épocas antiguas entre los menos pudientes— se emplea el caballo, más específicamente una yegua blanca. La comitiva la forman toda la familia y amigos del futuro marido. Si el lugar del matrimonio está muy lejos del domicilio de éste, todos se desplazan en vehículos hasta un lugar que diste aproximadamente entre uno y tres kilómetros de la casa de la novia. Allí se organiza la comitiva y el último tramo del recorrido se efectúa a pie.

En primer lugar avanza una banda de música contratada al efecto y que interpreta continuadamente y de la manera más ruidosa posible piezas musicales de moda o folklóricas, pero siempre bailables. El objetivo —aparte de proporcionar música de baile— es transmitir a la vecindad el espíritu de fiesta. El volumen ha de ser alto para alertar a la familia de la novia de que el novio se acerca.

Los más jóvenes van en cabeza, bailando sin inhibiciones por la calle. Sigue el novio sobre su montura, que ha de ser conducida, pues del tocado del novio suelen pender flores que prácticamente le impiden la visión. Van tras él los mayores, ataviados, como es lógico, con sus mejores galas.

Cuando llegan al recinto de la boda, la familia de la novia recibe afectuosamente a todos y coloca en el cuello de cada recién llegado una guirnalda de flores, invitándoles a pasar y a comer. A mayor agasajo a los invitados, mayor es el prestigio que adquiere una familia. El novio desmonta y es conducido directamente ante el fuego sagrado, mientras sus padres abrazan a sus futuros consuegros.

Tras la ceremonia, el proceso se repite y, aunque los automóviles se han convertido en el principal medio para trasladar a la recién casada a su futuro hogar, en las zonas rurales aún se estila el llevarla en un pequeño palanquín, transportado por varias personas.

EL RITO NUPCIAL

La ceremonia nupcial, *vivâha*, es uno de los más importantes ritos védicos y marca el punto del inicio del segundo estadio de la vida hindú, el familiar. Se considera que para el pleno desarrollo de la mente y el espíritu la vida conyugal es una experiencia imprescindible.

La boda puede tener lugar en un templo o en el domicilio de la novia, en un emplazamiento escogido llamado *kalyâna mandapa* («pabellón de la prosperidad»), especialmente diseñado al efecto y profusamente adornado con flores.

Antes de encontrarse ante el fuego sagrado, tanto el novio como la novia suelen efectuar por separado una ofrenda a Gaurî, aspecto de Pârvatî, para que la diosa proteja a los futuros cónyuges, así como al dios Ganesha, a quien se venera al comienzo de toda actividad de importancia.

La primera parte del rito es la solemnidad del *kanyâdâna* («entrega de la doncella»), efectuada por su padre o, en su defecto, el pariente masculino más cercano. Se pide al novio que se comprometa a cuidar de la mujer y se le entrega, en medio de unas oraciones determinadas.

En el momento especificado, *sumuhûrta* («instante auspicioso») se inicia el sacramento propiamente dicho invocando a los dioses para que sean testigos del enlace. Se atan los ropajes de ambos contrayentes con tres nudos (representando a los tres dioses más importantes, Brahmâ, Vishnu y Shiva) como signo de su unión. Es el momento en el que el esposo ciñe al cuello de su futura mujer el *mangalasûtra* («cordón auspicioso»), un collar que será su símbolo de casada.

Los esposos intercambian guirnaldas de flores que colocan cada uno el cuello del otro, representando este gesto que la naturaleza bendice también su unión.

Ante el fuego sagrado los esposos efectúan el *agnipradarshinâ* («circunvalación del fuego»), con siete vueltas en torno a él, en el sentido de las agujas del reloj. Agni, el dios del fuego, es el principal testigo del enlace y quien lo santifica. Los esposos hacen entonces sus votos de fidelidad y llevan a cabo juntos la ceremonia del *saptapadî* («siete pasos»), dando un paso con cada una de las promesas que efectúan.

A continuación tienen lugar las bendiciones de los familiares, como ratificación del sacramento.

Estas prácticas mencionadas son las más generalizadas aunque pueden variar mucho de región en región, en lo referente a formas y duración de las mismas.

Tras la parte religiosa vienen los festejos que pueden ser muy ostentosos y espléndidos. En realidad, hasta la gente de menos capacidad económica gasta grandes cantidades de dinero en estas celebraciones.

Se ha de ofrecer a todos los invitados una comida
abundante y exquisita, para la que suelen contratarse
cocineros profesionales que trabajan a domicilio y en
el momento. Se han de hacer regalos a todos los parientes cercanos, de mayor o menor valor según su
importancia jerárquica en la familia. El lugar donde se
recibe a todos ha de estar bellamente decorado y es
costumbre que hayan actuaciones de música o baile,
así como fuegos artificiales y otros elementos que
indiquen el espíritu de alegría que el matrimonio produce en ambas familias.

EL RANGO DE CASADA

Para la mujer india es de primordial importancia el concepto de *suhâga* («buena fortuna»), que hace referencia a la condición de tener el marido vivo, lo que le proporciona automáticamente un nivel social de gran importancia.

Al unirse las vidas de dos personas en el sacramento del matrimonio, se considera que la interrelación entre ambas es muy intensa y sus destinos están de algún modo entrelazados. La vida familiar con descendencia es un ideal para el indio y, consecuentemente, si esto no se produce, es un mal signo, consecuencia de un *karma* negativo. Así, una viuda es considerada básicamente como una mujer a quien cuyos pecados en vidas anteriores la condenan a no disfrutar de la vida marital plena. De ahí la discriminación que a veces tiene lugar.

Por el contrario, quien tiene a su lado a su marido, lo tiene en virtud de sus méritos, lo que le proporciona reconocimiento social. Incluso en el plano más físico, la enfermedad o debilidad de un hombre podía ser atribuida a la falta de cuidados de su esposa, en higiene o alimentación.

El *suhâga* se representa simbólicamente con una raya de polvo de *sindûra* o bermellón en la raya del pelo de las mujeres casada, y, en ocasiones, también con un punto o *bindî* en mitad de la frente. También es costumbre el llevar un colgante en el cuello denominado *mangalasûtra* («cordón auspicioso»), que el marido impone a la mujer durante la ceremonia de la boda. Suele ser un cordón negro y un colgante especial, que puede ser de varias formas, generalmente de oro. El colgante suele llevar asimismo unas cuentas negras que supuestamente protegen al marido de accidentes y enfermedades. Las mujeres no suelen nunca quitarse este símbolo, que les es especialmente querido. Hay otros símbolos que pueden llevarse siempre o no, pero que son obligatorios durante un período mínimo de un año, como, por ejemplo pulseras de oro o vidrio o marfil (según las regiones y posibilidades de la familia), un anillo, tobilleras de plata y también aros de plata en los dedos del pie.

LOS MATRIMONIOS CONCERTADOS

Los matrimonios denominados «de amor» (esto es, aquellos decididos por los propios contrayentes) son los más raros en la India. La costumbre tradicional es la de los matrimonios arreglados, fijados por los padres.

El origen de esta costumbre se pierde en la antigüedad. Se debe al hecho de que era costumbre que los matrimonios tuviesen lugar al poco de que la muchacha alcanzase la pubertad, por lo que era demasiado joven para elegir por sí misma. Esta práctica se generalizó y hoy en día se sigue, independientemente de la edad de la novia, considerándose que los mayores están en mejores condiciones de elegir lo más adecuado. Además, se considera el amor maduro —y no el romántico— es el que ofrece más posibilidades de poder contribuir al éxito de la unión, y no ha de olvidarse que se trata no únicamente de la unión de dos personas, sino de dos familias.

A través de familiares o de intermediarios profesionales se sabe de un buen partido para un hijo o hija, adecuado por su nacimiento, profesión o costumbres. Esta actividad, generalmente, la lleva a cabo la mujer. Una vez decidida, ella presenta el asunto a su marido, quien se pone en contacto con la familia en cuestión junto con un sacerdote y empiezan a ver las posibilidades que tiene una futura relación. Hay que recordar que siempre es la familia del varón quien lleva la propuesta. Se consultan los horóscopos de ambos contrayentes y, si son compatibles, ambas familias se encuentran y ultiman los detalles de la boda, eligiendo un día y una hora propicia para el matrimonio. Hay que destacar que en todo esto, no intervienen en absoluto los posibles contrayentes.

El siguiente paso es poner frente a frente a los dos futuros cónyuges —que sólo se han visto en fotografía— y recabar su opinión, aunque entre las gentes más ortodoxas y hasta hace bien poco, muchos de los contrayentes sólo llegaban a conocerse el mismo día del enlace.

En esta ocasión de la petición de mano oficial, el novio, junto con su padre, tíos y otros parientes masculinos, acude a casa de la novia para conocerla y finalizar el trato. En las familias muy tradiciones suele ser ésta la primera vez que se ven. La muchacha tiene que servir café o té, que trae en una bandeja, cabizbaja y con la cabeza cubierta con el *sârî*. Sólo cuando se acerca al novio ve éste la cara de su futura mujer, pero ella no, porque no puede levantar los ojos. Luego tiene que caminar y colocarse en un sitio indicado por su madre. Le pueden pedir que cante para mostrar sus habilidades, lo que permite comprobar que tiene las facciones correctas, la voz normal y todos los dientes. Así termina la prueba, y si queda satisfecha la familia, se concreta el matrimonio.

Desde la petición de mano hasta la fecha del matrimonio los futuros contrayentes no tienen apenas trato. Los indios no creen en los noviazgos y consideran que el amor debe surgir tras la unión y no antes.

Este sistema, por supuesto, cambia la estructura mental de la gente. Los jóvenes crecen sabiendo que un día se unirán a una persona desconocida y saben que el matrimonio es como una prueba, que sólo funcionará si ambas partes se aplican a ello con entusiasmo y tesón. La otra persona no dará felicidad automáticamente, sino que habrá que conseguirla entre ambos.

El resultado de este tipo de matrimonios es bastante satisfactorio y las estadísticas indican un porcentaje ínfimo de divorcios o separaciones. Bien es verdad que el éxito de tal unión no atañe sólo a la pareja, sino que ambas familias tienen un interés común en mantener este vínculo y hacen lo posible por facilitar la convivencia. El sistema familiar minimiza las peleas entre cónyuges, ayuda a la crianza de los hijos y cuida estas relaciones, basadas en la buena voluntad de que el enlace funcione y la creencia filosófica de que cada persona tiene lo que debe tener, según sus merecimientos y su *karma*.

Obviamente, con el creciente influjo de las ideas occidentales, los matrimonios «por amor» son cada vez más frecuentes, especialmente en las áreas urbanas y las clases educadas.

LA DOTE Y EL MERCADO DE MARIDOS

Una de las lacras sociales de la India es la de la costumbre de otorgar dote a la recién casada.

La lógica de la costumbre reside en el hecho de que la mujer pasa a formar parte de la familia del esposo, vivirá en la casa de la familia de su marido y, lógicamente, (sobre todo en la época en que las mujeres no trabajaban fuera del hogar) ocasionará unos gastos de por vida. Además, había de considerar la inversión que los padres del novio habían hecho en la educación de éste y que serviría luego para que él se ganara la vida y mantuviera a su mujer. Para compensar todo esto la costumbre impuso que la mujer aportara al matrimonio unos bienes en ganado, objetos, ropas o en dinero. Esta práctica se denomina *daheja* («donativo») o también *hunda* («cántaro»), por la costumbre de entregar el dinero o las joyas dentro de un recipiente de barro.

Dar y recibir dote está penado por la ley, en vista del gran número de abusos y tropelías que esta costumbre ha causado, pero, aunque es un delito, sigue siendo una práctica muy extendida, sobre todo en las zonas rurales, pues la dote ha pasado a ser un símbolo de nivel social: cuando más dote se recibe, mayor es la importancia del novio y, por ende, de la familia de éste.

Para conseguir una mejor dote se ha establecido en la India la práctica vergonzosa del «mercados de maridos», sistema de contactos matrimoniales en los medios de comunicación en donde pueden considerarse mejor las ofertas que existen. Cada domingo, en los periódicos, aparecen los anuncios de los padres, solicitando una novia o novio para sus hijos o hijas. Describen brevemente la casta, cualidades, estudios, profesión, ingresos y características físicas del candidato. Cuánto más estudios tienen, más sube el precio. Un teléfono de contacto substituye al antiguo casamentero.

Una vez puestas en contacto las familias y pactada una cantidad, el problema surge cuando los padres de la muchacha no pueden cumplir lo prometido, lo que muchas veces provoca que la familia del marido trate mal a la recién casada o incluso que la boda no llegue a celebrarse, al no entregarse lo prometido en el momento. Si esto sucede, la reputación de la muchacha queda manchada, pues se considera que si no se celebró una boda ya decidida, había motivos poderosos para ello.

Además, son múltiples los casos de maltrato por la cuestión de la dote y éste es uno de los asuntos de actualidad que más interés despierta y del que más se trata en todos los foros sociales. En ocasiones, cuando un padre no puede pagar la dote prometida, se le hace la vida imposible a la mujer. Ésta no puede volver a casa de sus padres, porque una vez casada su lugar se encuentra con su marido y la familia de éste.

Estos maltratos han llegado en muchas ocasiones hasta el asesinato y la dote ha significado el fin de muchas vidas inocentes. Se intenta que parezca un accidente y se vuelve a casar al hijo, adquiriéndose una nueva dote.

Se cree que la dote es la primera causa de asesinatos en el país y toda la propaganda y la legislación estatal no bastan a acabar con esta nefasta costumbre que hace que mucha gente considere a las hijas como una gran carga.

LA INMOLACIÓN DE LAS VIUDAS

La práctica del *satî* es una de las costumbres más terribles de la civilización india.

El nombre proviene de la leyenda de Satî, una encarnación de la diosa Pârvatî. Según el mito fue la primera esposa del dios Shiva. A su padre, el rey Daksha, le disgustaba mucho el matrimonio que había hecho su hija, al casarse con Shiva, con quien mantenía una larga enemistad y a quien despreciaba por su condición de asceta. Mientras tenía lugar un gran sacrificio, Satî se presentó en la solemnidad con Shiva, que no fue bien recibido por su apariencia exterior. Ella reprochó a su padre su hostilidad a lo que Daksha respondió que Shiva era un miserable y no merecía semejante honor, pues vivía de limosnas y sólo tenía un vestido sucio y andrajoso. Satî, oyendo hablar a su padre tan despreciativamente de su esposo, hizo brotar fuego de su cuerpo y murió.

De aquí surge una práctica derivada de su historia. Se trata de la inmolación voluntaria de una viuda en la pira funeraria de su esposo, como supremo acto de fidelidad y también como sacrificio destinado a la purificación. Es una costumbre semejante a la existente en otras muchas civilizaciones en las que las esposas, ministros y servidores de un rey se daban muerte tras los funerales de su señor. Esta inmolación proporcionaba a la mujer y su familia un gran honor entre su comunidad.

Los sociólogos creen que esta práctica es de origen germano y eslavo y que la llevaron a la India los kushanos, en el siglo I, implementándola en la parte norte del país, ya que en el sur no se ha tenido noticia de ningún caso.

A esto hay que añadir asimismo la situación de desvalimiento en que solían quedar las viudas en la sociedad india. Incapaces de volver a casarse, prácticamente sin derechos, privadas de prestigio social y teniendo que depender económicamente de otros, su vida podía ser muy difícil. Se les exigía el luto continuo, que se afeitasen la cabeza y pasasen el resto de su vida dedicadas a la religión, en soledad. Se las hacía vivir en casas apartadas, generalmente en las afueras de las poblaciones. Además, se las consideraba portadoras de mala suerte, por lo que ni siquiera podían ver a su propia familia, y se rehuía su contacto, por lo que no les faltaban motivos para incurrir en el suicidio ritual.

En la actualidad la situación de las viudas ha mejorado notablemente y el volverse a casar es hoy algo habitual, aunque en las zonas rurales prevalece en parte el prejuicio contra ellas.

Esta antigua costumbre estaba mucho más restringida de lo que se ha hecho creer. Era totalmente voluntaria en la mayoría de los casos y estaba totalmente prohibida a mujeres mayores o con hijos, como era lo frecuente. Además, sólo se practicaba entre algunas comunidades de la casta de los guerreros, no en todos los estratos sociales, como se ha hecho creer. Sin embargo, el hecho de que se practicara entre alguna familia real y lo atroz del concepto, hicieron que se considerara como costumbre habitual lo que no eran sino casos excepcionales.

También recoge la historia casos de *satí* que no son tales, como por ejemplo mujeres hindúes que, ante el asedio de un ejército musulmán y tras la muerte de sus esposos defendiendo la plaza, preferían suicidarse antes de caer en manos de los invasores. Naturalmente, lo hacían junto al cadáver de su marido, pero por otras razones enteramente diferentes. Para la mentalidad de los conquistadores mogoles, tal costumbre constituía una demostración de salvajismo.

No faltan casos documentados de familias que han matado a una mujer tras la muerte de su esposo, con el propósito de heredarla, simulando una autoinmolación inducida con drogas, lo que entraría en el terreno de los crímenes comunes.

Durante el dominio inglés de la India la maquinaria de propaganda británica empleó al *satí* como un elemento para demostrar también la barbarie de los indios y lo necesaria que era su labor civilizadora. La realidad es que esta práctica, ya poco común en su tiempo, está en desuso desde tiempos antiguos, registrándose únicamente algún caso ocasional. Sin embargo, no se prohibió oficialmente hasta 1829, debido al influjo del reformador Raja Ram Mohan Ray. Entonces se dictaron leyes estrictas y se decidió castigar con la pena de muerte al que participara en ella o la fomentara.

La inmolación de las viudas fue eminentemente una costumbre social; no existe absolutamente ningún texto religioso que la defienda. De hecho, el hinduismo ortodoxo ha reaccionado siempre en contra de esta costumbre y todos los legisladores y reformadores la han condenado unánimemente en todas las épocas. El *Rigveda* explícitamente dice que, tras los funerales del esposo, la mujer debe regresar al hogar y continuar cuidando a la progenie. Incluso se recomendaba que se casase con el hermano menor del finado, para continuar el vínculo familiar.

POSICIÓN DE LA MUJER EN LA SOCIEDAD

Ya en la antigüedad se tenía en la India un ideal de la mujer que no siempre se correspondía con la realidad. En la mitología hindú —que nos habla de este concepto y de muchos otros en la época en la que se forjó el temperamento y carácter posterior de los indios— tenemos muchos ejemplos de esta idealización, en figuras de mujeres fuertes, dominadoras y dueñas de su destino. La religión hindú —parangonando en importancia a dioses y diosas— lanza el mensaje de la igualdad y no fomenta ningún tipo de discriminación sexual. Durante la época védica hombres y mujeres eran considerados iguales.

Pero la realidad social es distinta y ha provocado muchas veces la supeditación, especialmente a partir del influjo de la llegada de los diversos dominadores musulmanes de la India. Durante varios siglos, la mujer hindú no tenía ninguna parte en el patrimonio y ningún derecho de divorciarse de su marido, ni siquiera si éste cometía bigamia. Si se moría el padre de una muchacha joven, ésta tenía que depender enteramente de la amabilidad de un hermano o un tío para su subsistencia y la preparación de la dote para su matrimonio. Si era infeliz en su matrimonio, no existía ninguna vía de escape. Un estudio sobre las causas de los suicidios en la India moderna demostró que la gran mayoría de la víctimas eran mujeres y entre las causas principales figuraban «las relaciones infelices familiares y las tradiciones y prácticas matrimoniales conservadoras» (sistema de dote, matrimonios infantiles), junto con la pobreza y el desempleo. Sin embargo, no son sólo los hombres los culpables de esta situación: las mujeres mismas contribuyen a perpetuar algunas de estas costumbres nefastas.

Afortunadamente, todos estos factores no son los únicos ni están generalizados. Consisten sólo en una parte de la realidad. Desde siempre la mujer ha tenido un papel importante en la familia. La figura de la madre es muy venerada y respetada. Es ella quien toma toda las decisiones familiares relativas a compras, enlaces matrimoniales, etc.. Es ella quien lleva la riendas de la familia. Si fallece la suegra, es la primera nuera la siguiente en orden de importancia para «encargarse de las llaves».

A pesar de la importancia dentro de la familia, la mujer tiene que observar varias costumbres de cara al exterior. En varias regiones, se cubren la cara cuando aparecen delante de hombres desconocidos. Sólo sale la mujer más mayor de la familia. También comen sólo después de que hayan comido todos los varones de la casa incluyendo a los hijos pequeños. Cuando acompañan a sus maridos, andan un paso detrás de ellos y cuando llegan a una casa que no es la suya, hay una separación inmediata de los hombres y las mujeres: los hombres se dirigen al salón y las mujeres a la cocina.

Como tradicionalmente los hombres araban la tierra y traían el pan a casa, la mujer ha tenido que depender de ellos económicamente hasta hace muy poco tiempo. Aunque desempeña un papel importante en el campo, su labor principal está en la casa y en el cuidado de sus hijos. La importancia que tiene la tierra y la necesidad de trabajarla ha hecho que la mujer deba tener hijos varones. El primer hijo debe ser un varón, para que la mujer consolide su posición en la casa. Si no lo tiene, será desdichada para siempre. Una hija sólo puede ser una carga. Sólo si engendra un hijo varón puede empezar a gozar de cierta importancia. Las mujeres que sólo tienen hijas no pueden aportar nada a la tierra porque hay que casarlas y mandarlas a casa de su marido.

Ha habido cambios desde el siglo XIX. Muchos reformadores, como Raja Ram Mohan Ray o como el propio Mahatma Gandhi, lucharon por la dignidad y la libertad de las mujeres desde su posición privilegiada de hombres. Se dictaron muchas leyes para la protección de la mujer y sus derechos civiles. El Acta de Matrimonio Hindú, que entró en vigor en 1955, puso fin a la institución del matrimonio como un sacramento unilateral. Impuso la monogamia sobre ambas partes y permitió el divorcio por motivos de adulterio, abandono del hogar, crueldad, demencia o enfermedad incurable. El Acta de Herencia Hindú, que entró en vigor a partir del junio de 1956, concede a la hija y a otros parientes femeninos una parte en herencia de la propiedad de los hombres hindúes que mueren sin dejar testamento (la costumbre de preparar testamento está limitada a una reducida minoría). Hasta la promulgación de esta ley, la propiedad pasaba a las manos de los hijos o, en ausencia de hijos varones, a los hermanos y otros parientes autorizados a ejecutar las exequias religiosas del fallecido.

Mahatma Gandhi describió a las mujeres como «la mitad sumergida de la humanidad india». Fue durante la lucha por la independencia bajo su dirección cuando las mujeres empezaron a participar en el programa constructivo de educación y servicio social, y contribuyeron con su esfuerzo al movimiento independentista contra el gobierno inglés. Gracias a este involucramiento estrecho de las mujeres indias en el movimiento nacional, éstas no tuvieron que luchar por el sufragio político. Después de que la India lograra su independencia, muchas mujeres han desempeñado cargos de gran importancia en el gobierno del país.

El proceso de la emancipación se ha visto acelerado por el aumento de la educación de las mujeres, debido a las exigencias económicas de mantener a las familias en un mayor nivel de vida. Un gran número de médicos y profesores son mujeres ahora y han entrado ya en el servicio administrativo, el cuerpo de policía e incluso en el ejército. Las chicas de la clase media de las familias urbanas que antes consideraban los estudios y los títulos como meras habilidades para poder encontrar un marido conveniente, están trabajando cada vez más como maestras y empleadas en distintas organizaciones privadas y públicas.

Todo esto ha ayudado mucho a mantener una ventana abierta a la libertad de la mujer, aunque siguen habiendo intransigencias. Las mujeres cultas y educadas también siguen teniendo que pasar por tradiciones duraderas y muy difíciles de cambiar. La reforma de la ley personal se aplica sólo a la comunidad hindú, definida en este contexto de tal manera que incluye a todas las comunidades que no sean la musulmana, la cristiana, la parsi o la judía. Esto se debe a dos motivos. La mujer hindú era la que más necesitaba la protección, mientras que las leyes personales de las demás comunidades permitían derechos de diferente grado a las mujeres en cuanto a las cuestiones de propiedad y matrimonio. Por otra parte, la comunidad mayoritaria ha sido reacia a la idea de imponer cambios sobre las minorías, que podrían considerarlos como una intrusión sobre su autonomía religiosa.

LA IMPORTANCIA
DE LA DESCENDENCIA

El mayor problema con el que se enfrenta la India actual es el de la superpoblación. De hecho, la India es un estado rico, con una naturaleza fértil y abundancia de todo tipo de materias primas. El freno a su desarrollo es únicamente su gran crecimiento demográfico, que aumenta día a día de modo alarmante. Los números actuales —imposibles de precisarse— superan los mil millones de habitantes, siendo la India el segundo país del mundo en población, después de China.

Esto tiene su raíz en la importancia que en la India se ha dado siempre a la descendencia. Hay motivos religiosos (la necesidad de herederos que lleven a cabo las exequias de los padres, el natural rechazo al aborto por parte de un pueblo pacifista y partidario del supremo respeto a la vida) y también de índole social y económica. La mayoría de la población india reside en zonas rurales y se dedica a la agricultura, la ganadería o la artesanía. Era preciso tener una familia numerosa para poder trabajar los campos. Pero las hijas no servían bien para estos propósitos, por lo que se buscaba al hijo varón y se insistía hasta conseguirlo. Además, hasta tiempos recientes la mortalidad infantil era muy alta y muchos niños se malograban a tierna edad. Hay que añadir a esto la costumbre de celebrar matrimonios entre cónyuges jóvenes, lo que ampliaba sus años fértiles y lo mucho que gustan los niños en general al pueblo indio.

Con las mejoras sanitarias que han alargado la esperanza de vida y reducido drásticamente la mortalidad infantil, la población de la India se ha duplicado desde su independencia en 1947.

El gobierno ha emprendido campañas de propaganda para disminuir el crecimiento de la población —aconsejando a las parejas que no tengan más de dos hijos—, pero sólo con un éxito relativo y en las áreas urbanas. En los años setenta, el Partido del Congreso, dirigido entonces por Indira Gandhi, creó una nueva política denominada Family Planning («Planificación familiar») con la que intentó reducir la natalidad por la fuerza, mediante incentivos y coacciones para conseguir que la gente se sometiera a operaciones de esterilización. La respuesta fue instantánea: el Partido del Congreso perdió el poder e Indira Gandhi fue encarcelada durante un tiempo.

El aumento de la alfabetización está haciendo su efecto en la sociedad india, pero de manera muy lenta, por lo que no se prevé una solución inmediata que evite que la India se convierta en el país más poblado del mundo.

SALUDOS Y PROTOCOLO

La forma tradicional de saludo indio es el denominado *namaskâra* (también *namaste*, de *namas*, «inclinarse en reverencia» y *te*, «ante ti»). Estas palabras son más que un mero deseo de bienestar o reconocimiento de presencia. Son una forma de reconocer la divinidad en la interior de la otra persona y de indicar que ambos son uno y lo mismo. Recuerda que Dios está en cada ser y es cada ser.

Este gesto va acompañado del gesto denominado *anjali*, que consiste en juntar las palmas de las manos ante el corazón, con la cabeza levemente agachada, mientras se pronuncia la fórmula. Este gesto está lleno de simbolismo. Las dos manos representan una dualidad —el espíritu y la materia, lo positivo y lo negativo, el Ying y el Yang— que se unen en una afirmación de la no-dualidad del universo. Es un gesto que simbolizan el germen de la filosofía del Advaita Vedânta. Además, conecta la parte izquierda del cuerpo con la derecha y equilibra el flujo de las corrientes del cuerpo.

El *namaskâra* sirve en cualquier momento del día, como saludo y como despedida, aunque existan otras formas concretas. Es un saludo tradicionalmente hindú, aunque todos en la India lo practican. Además, otras religiones tienen sus saludos particulares. Los musulmanes suelen saludar con la palabra *adab* («respeto») o con la conocida fórmula *salâm alekhum* («la paz contigo»). Como despedida es común *khudâ hâfiz* («Dios te proteja»). Asimismo es habitual saludarse simplemente con el nombre de un dios o una invocación, como *jaya mâtâ ki* («gloria a la madre»), *jaya Shiva Shankar* («gloria a Shiva Shankar») o *Râma Râma*.

Una de las costumbres más arraigadas es el *charanasparsha* («tocar los pies»). Suele hacerse a las personas mayores cercanas, a los maestros religiosos y, en general, a todos aquellos a los que se profesa gran respeto. Esta práctica era diaria con los padres, abuelos, etc., aunque en la actualidad queda reducida a los momentos especiales y de ceremonia, pero está muy lejos de caer en desuso. Mediante el gesto de tocar la parte más impura del cuerpo —la que está en contacto con la suciedad— mostramos nuestra reverencia y respeto de la manera más clara y gráfica.

Otro convencionalismo importante es la forma de dirigirse a la gente. Generalmente se debe emplear el título que puedan tener o, de ser un pariente, siempre con el grado de parentesco antes que el nombre. Además de los títulos de nobleza, existen otros varios de sentido popular pero que añaden un punto de respeto a la persona a la que se les adjudica. Así existe el término *setha*, para indicar a un negociante acaudalado; *lâlâ* para nombrar a un comerciante próspero, *kâkâ*, para dirigirse a un convecino, etc.

Con las personas no conocidas la forma de mostrar respeto y aprecio consiste en adjudicarles un tratamiento que indique acercamiento e intimidad. Por eso es frecuente llamar *bhâî* («hermano») o *bahina* («hermana») a personas desconocida con las que hablamos ocasionalmente en la calle u otro lugar. Este tratamiento sirve para fijar una marco intachable a una relación recientemente establecida.

El respeto por los desconocidos puede llegar a extremos y una de las maneras de dirigirnos a una mujer es llamándola *devî* («diosa»). Si sabemos de cierto que tiene hijos, la palabra *mâtâ* («madre») es una fórmula social que se considera un gran cumplido.

Las mujeres, en cambio, suelen evitar pronunciar el nombre propio del marido y para referirse a él utilizan todo tipo de perífrasis y formas alusivas como, por ejemplo, llamándoles «el padre de sus hijos».

Otra forma muy común de indicar respeto es el empleo de la partícula enfática *jî*, detrás de un título o un nombre propio. Ningún indio mencionaría el nombre de Gandhi desprovisto de esta partícula de respeto. Todos se refieren a él como Gandhiji.

EL ATUENDO INDIO

Para la mirada occidental uno de los elementos más atractivos de la India puede ser la vestimenta y aspecto de sus habitantes.

Es famosa en todo el mundo la prenda nacional por excelencia, el *sârî*, que la mayoría de las mujeres indias visten y que es un traje de gran elegancia. Consiste en una pieza de tela de aproximadamente un metro de ancho por seis de largo, sin costuras y que se lleva enrollado con pliegues en la cintura, tapando el torso y cayendo por la espalda. Esta prenda puede ser de diversos materiales —desde el algodón a la seda o, desde hace años, de fibras sintéticas—, caracterizándose por su gran variedad de colores y diseños. Las telas pueden ser estampadas, con brocados y bordados de todo tipo, muy particulares de cada región. Se lleva encima de una faldilla interior y de con una blusa con colores a juego. En cada lugar se lleva el *sârî* de una manera peculiar y es una prenda de gran ductilidad, que sirve tanto para una ocasión de gala, como para trabajar en el campo.

Otras vestimenta femenina tradicional es la denominada *ghaghrâ cholî*, un conjunto de blusa muy ceñida y amplia falda de volantes. La cultura musulmana contribuyó con el *salvâr kamîz*, una camisa ajustada hasta las rodillas, bajo la cual se lleva un ancho pantalón. En ocasiones éste se substituye por un *churîdâra* o pantalón totalmente ajustado a la pantorrilla. Estos vestidos se complementan con un *orní*, tela de gasa que se lleva al cuello y que también sirve para taparse la cabeza. Como calzado se usan generalmente sandalias abiertas. Como prenda de abrigo son habituales los chales, combinándose sus colores con los de las prendas interiores.

El traje tradicional en el hombre es el *kurtâ* (una amplia camisa de manga larga) sobre el *dhotî*, una tela larga que se enrolla en las piernas y con la que se confecciona algo semejante a un pantalón, pero dejando generalmente una pierna al aire. En las zonas urbanas es más frecuente el *pâjâmâ*, una especie de pantalón de anchas perneras. En las zonas rurales es habitual el uso del *lungî*, tela corta, enrollada la cintura y que deja las piernas completamente libres, lo que es útil para el calor y los trabajos del campo. Como complemento se llevan chalecos sin mangas y turbantes.

Mientras que en la vestimenta de los hombres domina el blanco y los colores tierra, las prendas femeninas son un verdadero festival de colores llamativos y brillantes, de tonos intensos y combinaciones atrevidas, que llaman la atención.

Las mujeres llevan muchos adornos; son frecuentes las pulseras, las ajorcas en los tobillos, los collares, anillos y pendientes. Pero además existen otros adornos típicos de las mujeres indias. Algunas llevan unas cadenillas de oro o plata en la raya del pelo, o desde el cabello hasta la oreja. También son habituales los anillos para los dedos de los pies y prácticamente todas las mujeres de la India tienen una perforación en uno de los agujeros de la nariz, en donde se colocan aros o simplemente pequeños brillantes *llamados nathunî*.

Los peinados pueden ser complicados, pues es habitual que las mujeres indias tengan largos sus cabellos, que lavan con frecuencia y mantienen sanos con aceites vegetales. Sin embargo, para su mejor conservación, suelen llevar el cabello recogido y lo más común es el empleo de trenzas o moños de gran tamaño.

El uso de cosméticos tiene asimismo una antigua tradición, aunque solían elaborarse con productos vegetales. Es de destacar el colirio negro para los ojos, así como el empleo de la *hena* en la decoración de manos y pies, una de las artes domésticas más interesantes de la India.

LA LEY DE LA HOSPITALIDAD

Una de las obligaciones tradicionales del hindú consiste en ofrecer su hospitalidad de manera extensiva e indiscriminada. Todo aquel que pide refugio o ayuda en un hogar hindú debe ser atendido, independientemente de quién es o en qué situación se halle.

Existen infinidad de mitos en los que se menciona al huésped como una encarnación de lo divino. Tras ofrecer al recién llegado comida, lecho y compartir lo que se posee, éste resulta ser un dios que premia con largueza el gesto. Por el contrario, rechazar al que llega a una puerta es como rechazar a Dios y puede acarrear nefastas consecuencias. Se considera que la hospitalidad ofrecida a cualquiera entraña gran mérito religioso y todos los que hayan tratado con indios darán fe de su alto grado de amabilidad con los visitantes.

Aunque no sea necesario ofrecer refugio al visitante ocasional, siempre es costumbre alimentarle y ofrecerle lo que necesite. La abundancia de ascetas mendicantes en la India crea esta costumbre y no es en absoluto indecoroso vivir de la caridad ajena. La hospitalidad ofrecida a ascetas y santones es particularmente beneficiosa para el que la practica, pero en general se lleva a cabo en todos los estratos de la sociedad. De hecho, los hindúes que viajan se alojan muy raramente en hoteles, pues es habitual que en la ciudad que visitan existan parientes lejanos, amigos, conocidos o personas lejanamente relacionadas que les proporcionen un hogar temporal. Ésta es una costumbre muy arraigada y que se acepta con la mayor naturalidad.

Otro de los aspectos interesantes de mencionar en relación con este tema es la hospitalidad que ofrecen los templos. En contra de lo que se pudiera creer y de lo que muchas veces afirman personas mal informadas, nadie en la India necesita pasar hambre. En todos los templos del país —innumerables— se ofrece diariamente comida gratuita a todos los que acuden, sin que exista ningún requisito previo. Esto se financia con los donativos de los devotos y en algunos templos grandes el número de comensales puede llegar a varios miles diariamente, que son atendidos por voluntarios que ejercen esta actividad como forma personal de devoción. Igualmente, el que lo desee puede pernoctar también de forma gratuita en los aledaños de los grandes templos, en grande habitaciones preparadas al efecto.

LA DECORACIÓN DE LAS CASAS

Una de las costumbres más arraigadas —especialmente en la India rural— consiste en la decoración de las paredes exteriores y suelos de las casas con pétalos de flores, polvos de color o pinturas de diversas clases.

Esta interesante variedad de arte popular recibe el nombre de *rangolí* («fiesta de color»). Tradicionalmente la llevan a cabo las mujeres y se basa en la leyenda que narra como el dios Thirumal (aspecto de Vishnu), acudió a desposar a la diosa Andalâ, quien adornó su hogar para recibirle. Como consecuencia de este mito, las jóvenes solteras rezan a este aspecto del dios para conseguir un esposo de su agrado y decoran su casa como símbolo de bienvenida al que será su futuro marido.

Ha de tenerse en consideración que el arte en la India suele tener una base sacra. Raramente hallamos el arte por arte; siempre suele tratarse de la manifestación externa de un proceso espiritual. Por ello, los diseños empleados en esta forma de pintura popular son siempre símbolos religiosos. Dichos motivos suelen ser el loto —símbolo del despertar a la vida espiritual—, la rueda de los nacimientos, el signo de la esvástica, los diversos *mandala* o diseños geométricos que representan el cosmos, así como los motivos iconográficos asociados a las deidades del panteón hindú (el tridente de Shiva, la concha de Vishnu. etc.) Todos estos diseños —elaborados con llamativos colores—, aparte de su evidente función decorativa, desempeñan la función mágica de protección del hogar.

Los materiales empleados son muy variados, buscándose colores y pigmentos naturales y también granos, cereales y diversos productos alimenticios (harinas, polvo de arroz) que sirven como símbolo de la prosperidad en la familia. Los colores cumplen también una función representativa específica, empleándose los relacionados con dioses concretos.

EL CONCEPTO HINDÚ DE LA HIGIENE

Los rituales hindúes prescriben el baño regular y las frecuentes abluciones antes de las ofrendas diarias, o sea que la ortodoxia obliga a unas costumbres muy estrictas de higiene personal. El agua es el elemento purificador y los hindúes suelen ser particularmente pulcros con su persona y su hogar, aunque no tanto con lo que hay fuera de él. El baño está indicado siempre que sea necesario purificarse: tras asistir a una cremación, después de un eclipse o en cualquier otra circunstancia en que se considere que se ha manchado el cuerpo sutil de la persona, pues la noción hindú de limpieza no se limita al concepto de suciedad física sobre la piel, sino que trasciende a todos los niveles del ser humano.

Uno de los ejemplos característicos de la tendencia a la higiene es lo poco frecuentes que resultan los contactos físicos innecesarios. Así, para el saludo, no es costumbre entrechocar las manos, según la tradición occidental, sino que el saludo tiene lugar a distancia, lo que constituye una manera de evitar la transmisión de enfermedades. A esto hay que añadir una explicación de índole mística sobre las auras de las personas, que sufren si se las invade arbitrariamente. Por ello, los besos y abrazos no son tampoco frecuentes.

Asimismo, es una costumbre muy arraigada el estar descalzos dentro de la casa y, para ello, dejar el calzado a la entrada, para no llevar al interior la suciedad de la calle. Los zapatos suelen considerarse impuros de por sí, pues están en contacto continuo con la suciedad. Así, de la misma manera que no se puede entrar con ellos en un templo o mezquita, no se debe entrar tampoco en una casa, que es igualmente sagrada. Esta noción lleva asociada la necesidad de disculparse si por error se toca a alguien con el zapato. Este gesto de disculpa se lleva a cabo tocando suavemente el lugar que ha manchado nuestro calzado y llevándonos la mano al ojo izquierdo primero y al derecho después, como signo de humildad.

Otro tabú indio sobre la higiene se refiere al uso de la mano izquierda, que se suele emplear tradicionalmente para lavarse, tras llevar a cabo las necesidades fisiológicas. Por ello no se debe comer con ella ni tampoco entregar a nadie objetos o dinero, pues podría considerarse como un insulto.

En cuanto a la comida, los preceptos de higiene exigen que bajo ningún concepto se compartan vasos, platos o cubiertos, ni mucho menos se beba de una misma botella. Una cuchara empleada para probar un guiso nunca debe volver a meterse en el recipiente. La comida que sobra en un plato se considera *juthâ*, impura, y no debe consumirse. Por ello es costumbre no servirse más que la cantidad que se está seguro de que se va a consumir y los comensales siempre se acaban lo que hay en sus platos.

EL VEGETARIANISMO

Cuando en Occidente se trata el tema del vegetarianismo, el enfoque es exclusivamente físico y de carácter higienista. Se hace énfasis en la toxicidad de la carne y en aspectos dietéticos de innegable validez, así como en criterios fisiológicos, económicos y ecológicos igualmente pertinentes.

En la India, el vegetarianismo (*shâkâhâra*) no se base meramente en dichos argumentos, sino que tiene además una base ética que se encuentra mencionada en las escrituras védicas, muy anteriores al budismo. La razón principal para evitar el consumo de carne o pescado consiste en no tener que matar. Es un precepto derivado del pacifismo, de la no violencia. Las leyes humanas que establecen diferencias entre matar a un hombre y matar a un animal son, evidentemente, imperfectas. Si no podemos crear la vida, no tenemos derecho a quitarla. Éste es el principio por el que se rige el credo hindú.

Según estas doctrinas, de carácter panteísta, todo en el universo está formado por la misma substancia divina. Dicho de otra manera: todo en el mundo tiene alma, todo en el mundo es Dios, manifestado de una manera u otra. El respeto a la sacralidad de esa vida prohíbe lógicamente atentar contra ella.

Se podría aducir, con razón, que también el mundo vegetal participa igualmente de la divinidad.

Esto es así en efecto, aunque esencialmente las plantas son menos sensibles que los animales y su sufrimiento es substancialmente inferior, siendo su consumo un mal necesario y menor, dentro de la actitud del consumo mínimo de recursos naturales.

No ha de considerarse, por tanto, que en la India sólo las vacas y algunos otros animales sean sagrados. Lo son en especial, por razones expuestas en otro apartado de esta obra. Pero, en general, toda la vida es sagrada y se ha de respetar. Quienes no tienen esto en consideración incumplen radicalmente uno de los preceptos no escritos pero más importantes del hinduismo.

Otra consideración digna de ser tenida en cuenta es la noción antigua del efecto sutil de lo ingerido. Los hindúes creen que el consumo de carne contribuye a desarrollar en el hombre una mentalidad y unas actitudes de violencia, haciéndole especialmente irascible y apartándole de las percepciones espirituales. Por ello, el vegetarianismo se considera una gran virtud, superior a cientos de ofrendas a los dioses.

Además, considerando la creencia hindú en la reencarnación, cualquier alma humana puede morar en el cuerpo de un animal, por lo que su muerte e ingestión sería una forma velada de canibalismo.

Las razones que aduce la India para el respeto de la vida animal son varias: el pacifismo intrínseco, el evitar el mal *karma* producido por una acción violenta, las razones dietéticas e higiénicas y también las

razones ecológicas que defienden la no interferencia
en los ecosistemas.

LICORES PROHIBIDOS

Aunque el *soma* y otras bebidas intoxicantes han formado siempre parte de la tradición india, lo cierto es que el consumo de alcohol se halla muy mal visto entre la ortodoxia hindú, en correlación con el nivel social de la persona. Esto es: a mayor consideración social, más grave es la costumbre de ingerir bebidas alcohólicas. Lo que está mal visto en algunos es perfectamente tolerado en otros, considerándose que a la gente con menos formación debe exigírsele menos nivel de autocontrol.

Ha de especificarse que ésta es una norma prácticamente social, no tiene fundamentos religiosos y el beber alcohol puede ser reprobable, pero no es en absoluto un pecado contra la religión hindú. Fue el budismo el que especificó que esta práctica era pecaminosa y, aunque los hindúes están de acuerdo, no la han tomado nunca muy en serio. De hecho, durante la fiesta de Dîvâlî es costumbre el empleo y hasta el abuso de bebidas alcohólicas, como parte de la celebración.

Lo que sí condujo a muchos indios a la abstención durante el siglo XX fueron las prédicas de Gandhi, que se mostró decididamente en contra de esta costumbre con un doble propósito: eliminar una de las lacras que él consideraba que Occidente había traído a la India y no ofender a un gran número de personas de religión islámica, a la que sus preceptos sí les prohibían el alcohol. Por influjo suyo se intentó llevar a cabo una prohibición, el establecimiento de una «ley seca», cosa que se ha conseguido en muchos estados del país.

Donde no es así el consumo de alcohol está muy restringido. No son frecuentes los lugares públicos en donde se sirve y los establecimientos gubernamentales donde se expende tienen horarios y calendarios muy restringidos. Las botellas se venden cuidadosamente empaquetadas, para que no llamen la atención, y el consumo tiene lugar principalmente en la intimidad de los hogares.

LA COCINA INDIA

Las dos culturas que más han influido en el desarrollo de la cocina india han sido, obviamente, la hindú y la musulmana. Otros pueblos han contribuido asimismo en parte a crear esa mezcla exótica y de gran variedad de platos que hoy existen. (Los ingleses fueron quienes popularizaron el cultivo y consumo de té, actualmente la bebida preferida del país.)

La tradición hindú, por motivos religiosos es generalizadamente vegetariana, lo que ha llevado al cultivo de gran cantidad de variedades de verduras y legumbres e innumerables formas de cocinarlas. Para conseguir esta variedad se potenció el cultivo y empleo de las especias y de sus múltiples combinaciones en preparados denominados *masâlâ*, («ingredientes»), muchos de ellos con propiedades medicinales y que aportan gran variedad de sabor para todos los platos. Es creencia compartida por todos en la India que el consumo de picantes ayuda a eliminar parásitos intestinales y a combatir el calor. Generalmente todos estas variedades culinarias se complementan con diversas clases de arroz.

La cocina musulmana es abundante en carnes y salsas, así como en frituras y dulces de toda clase. Son numerosas las variedades de brochetas de carne y de tortas de pan para acompañar los platos, siendo ésta una de sus principales aportaciones, así como el concepto de horno para guisos.

Las características geográficas también determinan en gran medida el tipo de alimentación. La amplia costa de la India convierte al pescado en un ingrediente que ha de ser tenido muy en cuenta en las regiones litorales. En las zonas desérticas, el consumo de legumbres, salazones y encurtidos es el más extendido.

Es de destacar el gran uso que se hace en la dieta india de los productos lácteos, que en muchos lugares son aún la base de la alimentación. En lugar de aceite se cocina con *ghî* (mantequilla derretida). Está muy extendido el consumo de queso y yogur. La mayor parte de los dulces se elaboran principalmente con leche.

Al finalizar las comidas en algunos lugares es costumbre masticar hojas de bétel con diversas especias, un elemento digestivo y astringente que ayuda a la digestión. También es corriente tomar una mezcla de azúcar cristalizado, anís, semillas de cardamomo y clavo, para mantener un sabor agradable y perfumado en la boca.

Según la ortodoxia religiosa existen principalmente tres clases de alimentos, más o menos recomendados por su influjo sobre el cuerpo y los humores. La primera clase de comida es la denominada *sâttvika*, término sánscrito que se refiere a la modalidad de la bondad en la actitud del hombre ante el universo. Es la comida considerada más pura, pues no perturba físicamente al que la consume, no le embrutece ni interfiere en su desarrollo espiritual. Consiste en los productos lácteos, la mayor parte de las variedades de grano, las frutas y las verduras. La comida *râjasika* es la que excita y potencia las actividades físicas y emocionales del hombre (ajo, huevos, vegetales y frutas rojas). Por último se encuentra la denominada *tâmasika*, la que provoca bajas pasiones e impide la espiritualidad (carne, pescado y substancias intoxicantes). Los textos recomiendan que se eviten las substancias impuras y que se mantenga una dieta controlada, como medio de perfeccionamiento personal.

La manera común de servir la comida en la India es el denominado *thâlî* («bandeja»), un gran recipiente de metal en el que se colocan pequeños cuencos en donde se sirven los platos. El centro se emplea para colocar el arroz o las tortas de harina, con las que se acompañan las otras especialidades. Es común el tener muchos platos en una misma comida, aunque en pequeñas cantidades. En la antigüedad —y aún hoy en muchas zonas rurales— es costumbre servir la comida sobre hojas de palmera.

El horario de comida en la India es muy variado, aunque en general suele ser temprano en comparación con los horarios occidentales. Es habitual hacer un desayuno copioso y comer menos durante el día.

Con las comidas no suele nunca tomarse alcohol. De hecho, el consumo de líquido —agua— está regulado por la tradición y por la creencia de que no es saludable beber mientras se come. Es mejor hacerlo al finalizar y la cantidad de agua ingerida debe ser un cuarto de la capacidad estomacal. Dos cuartos deben ser de alimento sólido y debe dejarse al estómago vacío en un cuarto de dicha capacidad.

Aunque pueden usarse cubiertos si se desea, la comida india se consume tradicionalmente con la mano, convenientemente limpia. De hecho, las tortas de harina no pueden comerse de otra forma. Se ha de coger el alimento únicamente con la mano derecha, pues la izquierda está reservada para funciones higiénicas. Tampoco han de emplearse todos los dedos, sino únicamente tres, pulgar, índice y corazón.

JUEGOS Y ENTRETENIMIENTOS

Los juegos han sido una de las formas mediante las que los indios han venido tradicionalmente transmitiendo a las generaciones jóvenes los valores de su cultura y sus creencias. Algunos de los juegos más populares del mundo tiene su origen en la India.

En lo referente a juegos de mesa el más destacado es, sin duda, el ajedrez, que posteriormente los árabes adoptaron y transmitieron a otras culturas. Sus elementos de estrategia —siendo el juego esencialmente la recreación de una batalla entre reyes— gozó de gran popularidad en la sociedad feudal medieval y ha llegado hasta nuestros días rodeado de un gran prestigio por sus múltiples combinaciones y su capacidad para desarrollar las capacidades de la mente.

El ajedrez actual deriva del antiguo juego indio conocido como *chaturanga* («los cuatro miembros»), término que alude a las cuatro armas de un ejército indio: elefantes, caballos, carros e infantería. El juego indio no difiere del que conocemos salvo en que los carros se convirtieron en torres, los visires en reinas y los elefantes en alfiles. Pero el término 'alfil' no significa en árabe sino precisamente «el elefante».

Otro juego de origen indio es el parchís, derivado de *pachîsî* «das veinticinco»), palabra que alude al número de casillas por jugador en la versión original.

En cuanto a juegos al aire libre, goza de gran popularidad en la India el llamado *kabaddî*, en donde dos equipos, separados por una línea en el suelo, sin dejar de pronunciar una palabra específica —esto es, conteniendo el aliento— deben conseguir atrapar a uno de sus contrincantes y llevarle a la fuerza hasta su terreno para así eliminarle.

Un juego muy interesante para reuniones es el *antâksharî*, («última letra»). Un equipo canta una canción y la interrumpe en cualquier palabra. El otro equipo —dentro de un tiempo determinado— deberá cantar una canción cuya primera consonante coincida con la última de la canción del adversario. Es un entretenimiento que puede alargarse durante horas y que mezcla la memoria, el ingenio y la habilidad musical.

EL CINE QUE EXPLICA
A LA INDIA

Si existe un elemento de la modernidad con el que el indio tradicional se haya identificado plenamente y del que guste sobremanera, éste es el cine. Además, a través de él vemos reflejado el *ethos* indio y su visión ideal de la existencia, lo que mejor nos ayuda a comprenderlo.

El cine indio no es un cine de minorías, sino que pretende —y consigue— estar totalmente identificado con un público que entiende y vibra con la película que contempla. La India es el primer país productor de películas del mundo. La producción más vasta pertenece a la industria de Bombay, seguida por la Madrás.

Las películas indias pretenden utilizar un despliegue de recursos para que éstas se conviertan en un espectáculo completo. En su forma externa, las dos características principales que diferencian al cine indio del europeo son la música y la duración. La duración de una película de Bombay es, aproximadamente, el doble de la de un film europeo o americano. Para que todo pueda ser mostrado sin prisas y hasta en sus más mínimos detalles, esta duración es imprescindible. La música ambienta y completa la trama argumental, proporciona unos momentos de reposo en mitad del conflicto, promociona y populariza la película y la convierte en un espectáculo más acabado y perfecto.

En la India predomina un concepto barroco de la belleza. En todas las artes y artesanías, la ornamentación es un elemento que nunca es olvidado. El cine pretende también ornamentar, adornar, completar y rellenar sus obras con todos los elementos a su alcance. La trama argumental está apoyada con asuntos *ad latere* que evitan la posible monotonía pero que están relacionados íntimamente con ésta. Así, encontramos en los minutos finales del film la resolución de todos los conflictos uno tras otro con la reunión de varios clímax sucesivos. El color, la música de fondo y los efectos especiales se utilizan con gran frecuencia para remarcar los efectos o producir impresiones en el espectador.

Lo que se encuentra siempre permanente en estas cintas es una gran sensibilidad emotiva. Tras la acción externa del argumento se nos muestra el estado de ánimo de los personajes, sus conflictos emocionales, sus penas, sus alegrías, sus problemas; sea una película histórica india, una comedia o un film de espionaje, encontramos siempre detrás a los hombres con sus almas tristes o alegres. Suele hacerse gran énfasis en los problemas de conciencia que cambian o fuerzan los actos del hombre. Es un cine en el que se distinguen muy marcadamente los conceptos de lo bueno y lo malo, lo puro y lo impuro. En él vemos reflejados los valores a los que se atiene el pueblo indio y que forman la base de su civilización y su cultura.

Es un cine en el que predominan los elementos religiosos, que se ofrecen como símbolos que llegan al corazón de los espectadores. Se identifica totalmente con el alma de éstos y logra que el público se sienta inmerso en la acción, se identifique con los personajes, llore con sus penas, se asuste con sus temores y se regocije con sus alegrías. Si se pretende que el cine se muestre de una forma real, esto se logra en el cine indio, pues ¿no es más real lo que hace al espectador penetrar, por así decirlo, en el film, que lo que le mantiene apartado de éste y le hace verlo como algo lejano y pasajero que puede juzgarse con el entendimiento, pero que no puede gozarse con los sentidos?

El cine de la India es una verdadera y genuina fuente para los sociólogos, pues muestra de manera muy completa lo que la sociedad india es y lo que le gustaría ser, aunando las tradiciones que forman la base de su cultura, con los problemas de cambio social que impone la modernidad y la inevitable occidentalización del país.

LAS AGUAS NEGRAS

Para el hindú tradicional la tierra de la India es sagrada y a ella se encuentra ligada su evolución espiritual. De ahí que todo alejamiento de ella sea considerado por algunos en parte como nocivo, y ésta es la razón por la que los indios que marchan al extranjero con el propósito de prosperar y asentarse allí indefinidamente nunca rompen del todo sus lazos con su tierra patria.

Durante siglos, el desconocimiento indio de la geografía étnica y política mundial provocó grandes malentendidos entre la población del país. Un indio ignorante solía dividir al mundo en cinco grandes bloques humanos, aquellos que le eran conocidos. Estaban en primer lugar los chinoides, concepto que abarcaba a las gentes desde el cercano Nepal hasta el Japón. El segundo bloque eran ellos mismos, los indios, comprendiendo Sri Lanka y las actuales India, Pakistán y Bangladesh. El mundo árabe —islámico— venía en tercer lugar. El cuarto lo integraban los negros de África y el quinto, un mundo aún más desconocido: el de los «blancos» u occidentales. El desconocimiento y la desconfianza llevó durante mucho tiempo a los indios a considerar a estos pueblos distintos del suyo, si no hostiles, sí algo inferiores en sus valores humanos.

Surge de aquí el concepto supersticioso de las «aguas negras», *kâlâ pânî*, el océano que separa a la península indogangética de otras regiones del mundo. Para algunas mentalidades atrasadas cruzar ese mar era pecado, porque con eso se rompían los vínculos con la patria y se perdía la pureza. Incluso el Mahatma Gandhi tuvo que sufrir rechazo y discriminación por haberlo hecho.

Afortunadamente, la noción de las «aguas negras» no es ya sino una reliquia del pasado.

PRINCIPALES SUPERSTICIONES

Aunque la mayor parte de las creencias indias tienen una base filosófica o científica en la que sustentarse, éstas conviven —como es habitual en todas las sociedades— con una serie de nociones erróneas, arbitrarias y sin ningún fundamento. La superstición no es infrecuente entre los hindúes ignorantes, que la consideran una parte más de su acervo religioso sin cuestionarse muchas veces el origen de una idea o costumbre.

Los términos empleados para definir una acción son *shubha* («auspicioso») o *ashubha* («inauspicioso»), consideraciones muy arraigadas en la *psiquis* india.

Al salir del domicilio para dirigirse a un trabajo o a efectuar una labor importante (firmar un contrato, hacer un examen) es costumbre que alguien de la casa ofrezca al que va a salir una cucharada de yogur azucarado, en la creencia de que esto ayudará al buen fin de la actividad emprendida. Similarmente, es de mal augurio regresar al domicilio al poco de haber salido de él. Si se olvida algún objeto hay que esperar un buen rato antes de regresar. Si alguien estornuda antes de salir, debemos asimismo posponer nuestra partida.

Si al salir de casa un gato se cruza en nuestro camino, se considera de mal augurio, independientemente de su color. Igualmente sucede si la primera persona que vemos al salir es un barrendero, un viejo o una viuda. En cambio, si la primera persona con la que nos tropezamos es una prostituta o un homosexual, se considera un buen signo. Los homosexuales y travestidos son, en general, de buen augurio, mientras que las personas cejijuntas no lo son.

El ver animales es también positivo, salvo en algunos casos específicos, como el mencionado del gato o si un lagarto nos cae encima, pues eso significaría un augurio de muerte cercana. Pero, en general, los animales son buen signo. Incluso un cuervo, que en el mundo occidental es de mal agüero, es bueno en el contexto indio. Asimismo es auspicioso tener ratones en casa, aunque se coman los objetos, pues simbolizan al dios Ganesha, por lo que no se les debe hacer daño. Se les puede ahuyentar, pero nunca dañar.

Se considera que trae muy mala suerte el tener en casa una reproducción, foto o dibujo del Taj Mahal, por ser una tumba y por los sufrimientos de su creador. Tampoco se aconseja poseer un ejemplar completo de la epopeya del *Mahâbhârata*, pues se considera que provoca peleas y discusiones entre los miembros de la familia, a semejanza de su argumento.

La higiene tiene sus supersticiones y, por ejemplo, obliga a bañarse tras un eclipse, aunque se haya permanecido en el interior de una casa, por la creencia de que los rayos de luz pueden ser maléficos. Tampoco está bien considerado afeitarse ni cortarse el pelo ni las uñas en martes y sábados.

Una costumbre que hay que evitar es señalar con el dedo o dirigirnos a alguien que está de espaldas, pues podría enfadarse mucho, por considerar esto de mal agüero.

También es corriente que se eviten los caminos que pasan cerca de algunos árboles específicos, en los que se cree que habitan demonios y espíritus malignos.